Sicher ist sicher. Bei aller Sorgfalt, die wir in der Recherche haben walten lassen, können sich Öffnungszeiten auch einmal kurzfristig ändern, oder ein Lokal ist gerade in Ihrer perfekten Umbrien-Woche ausgebucht oder geschlossen. Darum empfehlen wir, grundsätzlich möglichst weit im Voraus zu reservieren. Ein kurzer Anruf genügt, und Sie können sicher sein, zur vereinbarten Zeit einen Platz zu finden.

für die Süddeutsche Zeitung Edition
in Kooperation mit smart-travelling print UG, Berlin
Reihe „Eine perfekte Woche ...“

Idee und Redaktion: Nancy Bachmann, Nicola Bramigk
Projektleitung: Sabine Sternagel
Produktmanagement: Anneke de Kemp
Texte: Sabine Danck
Fotos: Nicola Bramigk, Katharina Gossow (S.17,20,21,24,25)
Gestaltung und Illustration: Tanja Riccius, Rahel Streiff
Lektorat: Gesina Happe, Jens Markowsky

Reinzeichnung: Journal Media
Herstellung: Thekla Licht, Hermann Weixler
Druck und Bindung: Kessler Druck + Medien, Bobingen

ISBN: 978-3-86497-186-0

1. Auflage 2014

SMART
TRAVELLING

EINE PERFEKTE WOCHE ...
IN UMBRIEN

www.smart-travelling.net

LIEBLINGSADRESSEN IN UMBRIEN

EINE PERFEKTE REISE BEGINNT IN ROM

Seite 13

1 Hotel:
Hotel Locarno
Via della Penna, 22, 00186 Rom
Tel: 0039 06 3610841
Seite 15

2 Restaurant:
Trattoria dal Cab. Gino
Vicolo Rosini, 4, 00186 Rom
Tel: 0039 06 6873434
Seite 31

3 Restaurant:
Fiaschetteria Beltramme
Via della Croce, 39, 00187 Rom
Tel: 0039 06 69797200
Seite 39

4 Restaurant:
Enoteca Cul de Sac
Piazza di Pasquino, 73, 00186 Rom
Tel: 0039 06 68801094
Seite 43

IN UMBRIENS MITTE: PERUGIA, SPOLETO, ASSISI

Seite 51

LIEBLINGSADRESSEN IN UMBRIEN

5 Aktion:
Spoleto - Das Salzburg Umbriens

Seite 53

6 Hotel:
Borgo Pianciano
Località Pianciano, 06049 Spoleto
Tel: 0039 339 3091290
Seite 57

7 Restaurant:
Osteria del Trivio
Via del Trivio, 6, 06049 Spoleto
Tel: 0039 0743 44349
Seite 65

8 Aktion:
Der Dom von Spoleto

Seite 73

9 Hotel:
Relais Casamassima
Strada Pieve San Sebastiano, 5,
06134 Perugia
Tel: 0039 338 8255682
Seite 79

10 Aktion:
Perugia

Seite 87

LIEBLINGSADRESSEN IN UMBRIEN

11 Restaurant:
Osteria a Priori
Via dei Priori, 39, 06123 Perugia
Tel:0039 075 5727098
Seite 91

12 Aktion:
Basilika San Francesco
Via San Francesco, 2, 06081 Assisi
Tel: 0039 075 819001
Seite 97

13 Restaurant:
Il Coccorone
Largo Tempestivi, 11,
06036 Montefalco
Tel: 0039 0742 379535
Seite 103

14 Aktion:
Frantoio Gaudenzi
Località Camporeale, 6,
06039 Pigge di Trevi
Tel: 0039 0742 781107
Seite 109

DER SÜDEN UND ORVIETO

Seite 113

15 Hotel:
Locanda Palazzone
Località Rocca Ripesena, 05018 Orvieto
Tel: 0039 0763 393614
Seite 115

LIEBLINGSADRESSEN IN UMBRIEN

16 Hotel:
Misia
Località Rocca Ripesena, 51/52,
05018 Orvieto
Tel: 0039 0763 342336
Seite 121

17 Restaurant:
Trattoria da Carlo
Vicolo del Popolo, 9, 05018 Orvieto
Tel: 0039 0763 343916
Seite 127

18 Aktion:
Der Dom von Orvieto

Seite 139

19 Hotel:
Eremito Hotelito del Alma
Località Tarina, 2,
05010 Parrano-Orvieto
Tel: 0039 0763 891010
Seite 143

ALTA UMBRIA

Seite 151

20 Hotel:
Agriturismo Preggio
Via Madonna del Sodo, 147,
06019 Preggio
Tel: 0039 075 9410191
Seite 153

LIEBLINGSADRESSEN IN UMBRIEN

21 Restaurant:
Rosso di Sera
Via Fratelli Papini, 81, 06063 Magione
Tel: 0039 075 8476277
Seite 163

22 Restaurant:
La Castagna
Via del Forno, 13, 06019 Preggio
Tel: 0039 075 9410294
Seite 169

23 Restaurant:
Locanda di Nonna Gelsa
Via Caduti di Penetola, 31,
06019 Umbertide Niccone
Tel: 0039 075 9410699
Seite 173

24 Hotel:
L'Ariete
Corlo, 38, 06014 Montone
Tel: 0039 339 2909493
Seite 177

25 Hotel:
Torre di Moravola
Località Moravola, 06014 Montone
Tel: 0039 075 9460965
Seite 183

26 Restaurant:
L'Antica Osteria
Piazza Fortebraccio, 5/6,
06014 Montone
Tel: 0039 075 9306271
Seite 189

☞ Weitere Adressen finden Sie unter www.smart-travelling.net

27 Aktion:
Jimmy Tartufi
Via dei Tigli, 16, 06026 Pietralunga
Tel: 0039 075 9460452
Seite 193

28 Aktion:
Ausflug nach Arezzo

Seite 197

29 Hotel:
Le Chiavi d'oro
Piazza San Francesco, 7, 52100 Arezzo
Tel: 0039 0575 403313
Seite 205

GUT ZU WISSEN
Tipps, Ausflüge,
Spaziergänge
Seiten 209-240

RATTORIA
dell'orso

ITALIENS MAGISCHE MITTE

Bergig und verwunschen thront Umbrien südlich der Toskana in Italiens Mitte und ist wesentlich entspannter als seine große Schwester. Touristisch ist das „grüne Herz“ längst nicht so erschlossen, kulturell und kulinarisch aber auf hohem Niveau. Inmitten von Weinbergen und Olivenhainen gibt es viele Kunstschätze zu entdecken, die bahnbrechende Renaissance-Malerei des Piero della Francesca, Fresken von Giotto, gotische Baukunst und barocke Pracht. Dazu finden Musik- und Theaterfestivals statt, und es kann durchaus sein, dass man anschließend bei Trüffeln, Steinpilzen und einem Sangiovese neben Isabella Rossellini oder John Malkovich in der Trattoria sitzt.
Und dann erst die Heiligen. Sie hat die Region, in der man so traditionsreich wie bescheiden ist, immer angezogen. Der berühmteste: Franz von Assisi, Namensgeber des aktuellen Papstes und begraben in der Basilika San Francesco, die trotz der Besucherströme ein Erlebnis ist. Genauso wie der gotische Dom von Orvieto, der außen schwarz-weiß gestreift ist, während innen „Die vier letzten Dinge: Tod, Gericht, Hölle und Himmel“ toben, 1499–1505 von Luca Signorelli farbenprächig gemalt. In Perugia hingegen tobt das weltliche Leben. Studenten aus aller Welt prägen das Stadtbild, Musiker und Straßenkünstler, und wenn es Wochenende wird, verwandelt der Corso Vannucci sich in die Flaniermeile schlechthin samt Publikum, das in den Cafés, Restaurants und auf den Stufen der Kathedrale San Lorenzo sitzt – und das Dolce Vita Umbriens zelebriert.

64
1

EINE PERFEKTE REISE BEGINNT IN ROM

Viele Wege führen nach Umbrien, und der schönste beginnt in Rom. Starten Sie in der alteingesessenen Kaffeebar Sant'Eustachio bei der Piazza Navona. Und das am besten mit einem Cappuccino, der hier besonders cremig ist. Schlendern Sie über die Piazza Navona mit ihren drei prächtigen Brunnen weiter zur Kirche San Luigi dei Francesi, die Sie mit Weihrauchduft empfängt und ganz beseelt wieder entlässt. Denn dort hängen die schönsten Caravaggios der Stadt, darunter „Die Berufung des Hl. Matthäus". Der Eintritt ist frei, doch damit Sie die Bilder in all Ihrer Pracht sehen können, müssen Sie etwas Geld für die Beleuchtung einwerfen. Weiter geht es ein paar Schritte zum Pantheon mit seiner überwältigenden Kuppel und dann zur legendären Eisdiele Gioletti, die man auch daran erkennt, dass davor Trauben Eis schleckender Menschen stehen. Ungefähr 20 Minuten sind es von dort aus zum Trevi-Brunnen, dessen gewaltige Schönheit auch die Touristentrauben nicht schmälern, und von dort aus ist es nicht mehr weit zur Spanischen Treppe, ideal für eine Pause auf den Stufen. Fahren Sie von oben mit dem Taxi zurück zur Piazza Navona und zum Restaurant Cul de Sac. Hausgemachte Pasta und dazu ein gutes Glas Wein kann man am besten auf der kleinen Terrasse an der Straße genießen. Wenn alles besetzt ist, setzt der Kellner Sie auf eine Liste, und Sie können ganz entspannt und ohne Drängelei auf einen Platz warten.

(nähere Infos und Adressen ab Seite 209)

1

HOTEL LOCARNO

Hier weht noch ein Hauch des alten Roms durch die Zimmer des Palazzo, die reichlich Patina haben. Ein wenig vermitteln sie einem das Gefühl, in einem Museum zu sein, mit Belle-Époque-Möbeln unter hohen Kassettendecken, tiefroten Wänden und Vorhängen in Smaragdgrün. Auf die Einrichtung legt Maria Teresa Celli Wert, die das Hotel in den 1960ern vor dem Untergang rettete, als die meisten Zimmer bereits zu Wohnungen umfunktioniert waren. Sie ließ sie renovieren, stattete sie neu aus und machte das Hotel zu einem Ort, an dem Künstler, Schriftsteller und Nobelpreisträger wie Joseph Brodsky abstiegen. Sogar ein Roman ist dem Hotel gewidmet: „Hotel Locarno" von Alain Elkann. Heute führt ihre Tochter das Hotel, und auch wenn es an der Qualität des Frühstücks mangelt und manchmal auch an der Herzlichkeit des Personals, ist das Locarno ein atmosphärischer Klassiker. Die Lage unweit der Piazza del Popolo ist ebenso unschlagbar wie der Ausblick von der Dachterrasse, der an Kuppeln und Kirchtürmen vorbei zur leuchtend weißen Villa Medici reicht bis hin zum Tiber, der ganz in der Nähe durch die Bäume schimmert. Das schätzen auch die Römer, die dort gerne einen Aperitivo nehmen. Genauso wie in der Art-déco-Bar mit ihrem dunklen Holz, schummerigen Tiffany-Lampen und halb blinden Spiegeln.
Wer möchte, kann die Ewige Stadt vom Locarno aus mit hauseigenen Fahrrädern erkunden.

1 Hotel Locarno Adresse: Via della Penna, 22, 00186 Rom
Tel: 0039 06 3610841 Internet: www.hotellocarno.com Preise: DZ ab 230 Euro inkl. Frühstück (preiswertere Specials sind regelmäßig im Angebot)

Repubblica

☞ Ciampini

Sehr römisch fühlt es sich in diesem Café an, in dem die Familie Ciampini bereits seit 1941 ihre Gäste rundum versorgt. Herrlich, morgens auf der Terrasse mit einem Café und einer Brioche zu sitzen oder sich zwischen die Politiker an die Marmorbar zu zwängen, die hier auf dem Weg zum Parlament einen Zwischenstopp einlegen. Mittags kann man sich mit einem Tramezzino stärken und später am Abend Carciofi alla Romana, Artischocken mit Petersilie und Bergminze, genießen – und das alles zu absolut fairen Preisen. Berühmt ist das Ciampini für sein Schokoladeneis, das nach einem alten Familienrezept handgemacht wird und natürlich auch zum Mitnehmen zu haben ist.

Adresse: Piazza San Lorenzo in Lucina, 29, 00186 Rom
Tel: 0039 06 6876606, Internet: www.ciampini.net
Öffnungszeiten: Montag – Samstag 7.30 – 21.00 Uhr, Sonntag 9.00 – 21.00 Uhr

29
ROMA

Ciampini
29
ROMA

☞ Sant'Eustachio

In dieser Espressobar fühlt man sich sofort wie ein Römer. Nahe dem Pantheon liegt sie und ist trotz dieser perfekten Lage wunderbar untouristisch. Bestellen Sie sich an der Kasse den cremigsten Cappuccino der Stadt und geben Sie bei den Baristas ihren Bon ab. Möchten Sie Ihren Kaffee ungesüßt, müssen Sie unbedingt Bescheid sagen, denn sonst wird er automatisch mit einem Hauch Zucker versehen. Trinken Sie ihn am besten direkt an der Marmorbar und ganz römisch im Stehen. Oder setzen Sie sich nach draußen an einen der Tische. Das allerdings kostet extra, also stellen Sie sich einfach wie die anderen auf den Bürgersteig am kleinen atmosphärischen Plätzchen.

Adresse: Piazza Sant'Eustachio, 82, 00186 Rom
Tel: 0039 06 68802048, Internet: www.santeustachioilcaffe.it
Öffnungszeiten: Täglich 8.30– 1.00 Uhr, Freitag bis 1.30 Uhr, Samstag bis 2.00 Uhr

ETTEMBRE
20 SETTEMBRE
SANT'EUSTACHIO
CAFFÈ SHAKERATO

SANT
VIGILI DEL FUOCO

☞ Pantheon

Kaum zu glauben, dass dieser einstmals für die Götter bestimmte Tempel bereits 125 n. Chr. erbaut wurde. Kaiser Hadrian (76–138 n. Chr.) gab ihn in Auftrag, seit 609 dient er der katholischen Kirche als Gotteshaus. Seine Ausstrahlung ist bis heute überwältigend, der Anblick der Kuppel mit einem Durchmesser von über 43 Metern spektakulär. Das Licht fällt durch eine große runde Öffnung in der Kuppelmitte, die oft als Sonne interpretiert wird, während die Kuppel selbst für das Himmelsgewölbe stehen könnte und die Kaskadendecke für das Firmament. Das Pantheon war unter anderem Vorbild für den Invalidendom in Paris und das Weiße Haus in Washington.

Adresse: Piazza della Rotonda, 00186 Rom
Tel: 0039 06 68300230, Öffnungszeiten: Montag bis Samstag 9.00 – 19.30 Uhr, Sonntag 9.00 – 18.00 Uhr

18
23
22
Signore, insegnaci a pregare.
L'odio provoca liti.
18
finché io viva.
30
6

TRATTORIA DAL CAB. GINO

Versteckt in einer kleinen Gasse liegt die Trattoria und ist doch mittendrin. Das Cab. Gino ist Kult. Sandro Pertini, Italiens berühmter ehemaliger Präsident, kam regelmäßig vorbei, und bis heute treffen sich hier Politiker, denn schließlich liegt das italienische Parlament gleich gegenüber. Doch ob mittags oder abends, das Publikum ist sehr gemischt, es gibt viele römische Stammgäste und erstaunlich wenig Touristen. Unter kunterbunten Malereien, die von Landschaften, Efeu und Pinienzweigen bis hin zu künstlichen Steinen reichen, sitzt man eng an eng nebeneinander und ist dabei friedlich vereint. Pasta überbrückt halt doch, zumindest für einen kurzen Augenblick, mühelos alle Unstimmigkeiten im politischen Wahnsinn.
Das große Rätsel, das jedoch bleibt, ist, warum römische Pasta immer purer, unverfälschter und herber als in anderen Regionen Italiens schmeckt. Ist es die Luft, das Wasser, die Aura römischer Köche? Keiner kann es erklären. Aber schmecken kann man es auch im Cab. Gino. Probieren Sie einfach verschiedene Varianten aus – die Pasta Gino mit Erbsen und Speck oder die Cabonara, die hier einfach köstlich ist.
Die Küche spiegelt Rom von seiner authentischsten Seite, und schön ist es, für das anschließende Dessert ein paar Meter weiter zu Giolitti zu gehen und dort das fantastische Eis zu genießen. Die perfekte Kombination, besonders mittags.

2 Trattoria dal Cab. Gino Adresse: Vicolo Rosini, 4, 00186 Rom Tel: 0039 06 6873434 Öffnungszeiten: Montag bis Samstag 13.00 – 14.45 Uhr, 20.00 – 22.30 Uhr, Sonntag geschlossen

SE VOI CAMPA IN
ETERNO SENZA GUAI
ER VINO DE GINO
NON LO SCORDAR MAI

Giovanni

☞ Giolitti

Hier sollte man mindestens ein Eis essen. Erst muss man entscheiden, wie viele Kugeln man möchte, wobei drei eine gute Wahl ist, dann vorne an der Kasse zahlen und anschließend in dem Pulk auf Tuchfühlung gehen, der sich vor der Theke drängt. Hinter ihr stehen die Eis-Konditoren, die im Durcheinander der Rufe versuchen, die gewünschten Eissorten zu verstehen und die Menge wie eine hungrige Meute versorgen. Man kann sich auch ins Café setzen und Eis bestellen, doch viel schöner ist es, sich mit der Eistüte zu den vielen anderen Giolitti-Liebhabern vor das Café zu stellen – und die perfekte Kombination aus gutem Geschmack und einmaliger Konsistenz zu genießen.

Adresse: Via Uffici del Vicario, 40, 00186 Rom
Tel: 0039 06 6991243, Internet: www.giolitti.it
Öffnungszeiten: Täglich 7.00 – 2.00 Uhr

L'USCITA E' ALLE VOSTRE SPALLE : DOPO LA SCALA A SINISTRA
THE EXIT IS AT THE BACK : AFTER THE STAIRS TURN LEFT

SI PREGA LA GENTILE
CLIENTELA DI RITIRARE
LO SCONTRINO FISCALE
Grazie

Beltramme

FIASCHETTERIA BELTRAMME

Lange war das Beltramme für seine Exzentrik bekannt. Keine Website, kein Telefon und stattdessen Römer, Fashionistas und Foodies, die am frühen Abend vor der Tür lungerten, um, sobald sie sich öffnete, einen Platz zu ergattern. Das ist zum Glück Geschichte. Als Zugeständnis an moderne Zeiten gibt es seit Kurzem Internet und Telefon.
Ansonsten aber bleibt sich das Beltramme auch nach dem Besitzerwechsel treu. Jacqueline war hier schon als Kind zu Gast, und nachdem das Traditionsrestaurant zur Übernahme anstand, wurde ihr Wunsch immer stärker, es zu übernehmen. Und zwar zusammen mit ihrem sympathischen Neffen Arturo und mit festem Blick darauf, was die Fiaschetteria, was Weinhandlung bedeutet, ausmacht. Dazu gehört die verbindliche freundliche Art, mit der sich hier um einen gekümmert wird, die intime Atmosphäre – und die gute Küche. Römer und Stammgäste aus der ganzen Welt schwören auf ihre Lieblingsgerichte wie Tonnarelli cacio e pepe, Nudeln mit Käse und Pfeffer, Spaghetti con le acciughe, Spaghetti mit Sardellen, oder Puntarelle, ein Bittergemüse, das die Römer lieben. Das Restaurant ist so wohlig wie die Gerichte, und dazu sitzt man auf Tuchfühlung unter alten gerahmten Zeitungsartikeln und Kunstdrucken, die die Wände überziehen. Kommt man allein oder hat Lust, andere Leute kennenzulernen oder sich einfach etwas auszutauschen, kann man sich an den großen Community-Table setzen.

3 Fiaschetteria Beltramme Adresse: Via della Croce, 39, 00187 Rom
Tel: 0039 06 69797200 Internet: www.fiaschetteriabeltramme.info
Öffnungszeiten: Montag bis Samstag 12.00 – 15.00 Uhr, 19.30 – 23.00 Uhr, Sonntag geschlossen

FIASCHETTERIA
Arturo
SPAGHETTI ALLE VONGOLE
TONNARELLI ALLA CORSARA 14,00
FETTUCCINE AI FUNGHI PORCINI
16,00
TAGLIOLINI AL TARTUFO 18,00
TONNARELLI ALLA BOLOGNESE
12,00
LASAGNE 10,00
GNOCCHI ALLA SORRENTINA
12,00
TAGLIOLINI ALLO SCOGLIO
14,00
VITELLA AL FORNO CON
PATATE 16,00
MELANZANE ALLA PARMIGIANA
800

ENOTECA CUL DE SAC

Diese Enoteca, die 1977 Roms erste Weinbar war und weltweit einen Trend setzte, ist nur wenige Schritte von der Piazza Navona entfernt – und man müsste ihr eine besondere Auszeichnung dafür verleihen, dass sie sich seit jeher treu geblieben ist und mitten im Touristen-Hotspot ihren Standard hält. Das finden auch die Römer, die hier gerne essen, ob Geschäftsmann oder lässiger Kreativer und auch Reisende aus der ganzen Welt.
Pasta, Pasteten, authentisch-römische Küche wie Trippa (Kutteln), Ochsenschwanz oder Involtini (Rouladen) gibt es hier und eine große Theke voller interessanter Käse, Schinken und Pasteten, die legendär sind und hausgemacht. Man kann auf einer kleinen Terrasse, schön unter Sonnenschirmen und direkt an der Piazza, sitzen. Oder drinnen in dem sehr langen und schmalen Raum, wo sich auf manchmal vier Regalen übereinander abenteuerlich die Weinflaschen stapeln. Mehr als 1500 von ihnen gibt es, und in Sachen italienischer Wein hält sich in Rom die Konkurrenz in Grenzen. Offene Weine kann man bereits ab drei Euro haben, aber lassen Sie sich unbedingt etwas empfehlen.
Natürlich ist es im Cul de Sac meistens voll. Dann sagen Sie dem Kellner einfach Ihren Namen, der notiert ihn und gibt Ihnen Bescheid, wenn etwas frei geworden ist. So kann man ganz entspannt warten, und meistens geht es sowieso ziemlich schnell.

4 Enoteca Cul de Sac Adresse: Piazza di Pasquino, 73, 00186 Rom
Tel: 0039 06 68801094 Internet: www.enotecaculdesac.com
Öffnungszeiten: Täglich 12.00 – 16.00 Uhr und 18.00 – 24.00 Uhr

ENOTECA
CUL DE SAC
ACE HOTEL
NEW YORK

ELEMENT

☞ Museum MAXXI

Einen wirklichen Gegenentwurf zum historischen Rom hat die Architektin Zaha Hadid mit dem MAXXI, dem Nationalmuseum für die Kunst des 21. Jahrhunderts, geschaffen. Nahe der Innenstadt windet sich ein monumentales organisches Gebilde mit Rampen, frei schwebenden Korridoren und Treppen in die Höhe, das ein Beton-Kunstwerk für sich ist. 2009 wurde das MAXXI inmitten ehemaliger Kasernen eingeweiht und hat sich schnell als Ort für spannende, moderne Ausstellungen etabliert – und als beliebtes Ziel der Römer. Sie lassen ihre Kinder dort auf dem großen Platz tollen und sitzen dabei gemütlich im Café und unter den großen Bäumen.

Adresse: Via Guido Reni 4 A, 00196 Rom
Tel.: 0039 06 3201954, Internet: www.fondazionemaxxi.it
Öffnungszeiten: Dienstag bis Freitag und Sonntag 11.00 – 19.00 Uhr,
Samstag 11.00 – 22.00 Uhr

Enoteca

Bollicine Umbre
Sparkling Wines

IN UMBRIENS MITTE: PERGUIA, SPOLETO, ASSISI

Im Herzen Umbriens pulsiert es – und das auf unterschiedlichste Weise. Am jugendlichsten geht es dabei in Perugia zu, Hauptstadt der Region und Sitz der Università per Stranieri, an die es seit 1925 Studenten aus der ganzen Welt zieht. Viele verschiedene Sprachen hört man in den mittelalterlichen Gassen, Straßenmusiker säumen die prächtige Flaniermeile Corso Vannucci, und Stände mit selbst gemachtem Schmuck sind dort aufgebaut. Künstler wie Raphael und Piero della Francesca studierten im 15. und 16. Jahrhundert an Perugias Kunstakademie, heute sind großartige Arbeiten im dortigen Nationalmuseum zu sehen, genauso wie aktuelle Kunst – und im Sommer findet mit Umbria Jazz eines der wichtigsten europäischen Festivals statt.

In Spoleto hingegen kann man beim Theater- und Musikfestival „Festival dei Due mondi" Hochkarätiges sehen – und Assisi ist mit der Grabeskirche Basilika San Francesco der Pilgerort schlechthin. Dazwischen erstrecken sich Nationalparks und Olivenhaine, kleine verschlafene Dörfer und Weinberge. Abwechslung gibt es genug und die perfekte Kombination zwischen Kultur, Erholung und umwerfender Küche.

Zusätzliche Popularität hat Assisi im letzten Jahr dadurch bekommen, dass sich der aktuelle Papst nach dem Armenprediger Franziskus genannt hat. Für die zahlreichen Souvenirgeschäfte in Assisi ein perfekter Anlass, ihr schier unendliches Angebot an Heiligenbildchen, Rosenkränzen, Statuen und allem anderen, was das katholische Herz begehrt, mit reichlich Franziskus-Merchandise-Artikeln upzudaten.

SPOLETO – DAS SALZBURG UMBRIENS

Treppauf, treppab bewegt man sich durch Spoleto, ein kleines, etwas verschlafenenes Städtchen, das sich einmal im Jahr in das „Salzburg Umbriens" verwandelt und nicht wiederzuerkennen ist. Dann tobt gerade das „Festival dei due mondi", und regelmäßig sagen sich Stars wie Mikhail Baryshnikov, Willem Dafoe oder Isabella Rossellini an. Aufgeführt werden Oper, Theater, Ballett und Musik, und das an Spielorten, die über die ganze Stadt verteilt sind. Am spektakulärsten sind dabei die Aufführungen auf dem einzigartigen Domplatz Piazza del Duomo, bei denen die Zuschauer die imposante Treppe, die den Hang hinaufführt, säumen.
Auf das Festival, das 1958 zum ersten Mal stattfand, fand sich gerade in den letzten Jahren reichlich Hautevolee aus Rom ein, um Häuser und Wohnungen im historischen Zentrum von Spoleto zu kaufen. Ihre Anwesenheit schlägt sich auch in den Geschäften nieder, die ausgesuchter sind, als man es sonst in einer Kleinstadt kennt, und es lohnt sich durchaus, den Hang hinaufzubummeln. Aber auch außerhalb der Festivalsaison ist einiges zu sehen: der Dom Santa Maria Assunta mit seinen Fresken von Filippo Lippi, der Pfad moderner Skulpturen, der sich durch die Stadt zieht, oder auch die Festung Rocca di Albornoz. In der Renaissance auf der Spitze des Hügels errichtet (und heute per Rolltreppen zu erreichen!), diente sie als päpstliche Trutzburg, und bis heute ist der Spazierweg unterhalb ihrer Burgmauern, mit tollen Ausblicken in die Landschaft, ein Erlebnis.

5 Spoleto

BORGO PIANCIANO

Zehn Kilometer von Spoleto entfernt liegt das Anwesen der Familie Bachetoni, das aus mehreren schönen alten Bauten besteht. Drei von ihnen vermietet sie: Häuser im typisch italienischen Landhausstil, die sich den Hang entlangschmiegen samt Quitten- und Granatapfelbäumen und Terrassen mit Dächern, an denen Fragola-Trauben ranken, deren köstlicher Geschmack an Erdbeeren erinnert. Innen knarzen schöne alte Holzböden, und in Küche und Bad schieben sich malerisch die Felsen der Bergwand, an die die Häuser gebaut sind, in den Raum hinein. Alte Eichenmöbel, Kamine und schlichter Country-Charme zaubern eine Atmosphäre, ganz so wie man es sich von einem italienischen Landhaus wünscht. Im Borgo di Pianciano wird man herzlich empfangen, und das auch schon mal mit selbst gemachtem Spinatauflauf, Käse, Kuchen und Wein, die bereitstehen, wenn man sehr spät ankommt. Gleichzeitig aber kann man völlig seine Ruhe haben, ist manchmal in Sichtnähe des Nachbarn, aber dennoch in seiner Privatsphäre geschützt. Und so kann man es sich gemütlich machen, seinen Blick entspannt über die Hügel, die Olivenhaine und Pferdewiesen gleiten lassen, in der Hängematte schaukeln oder zum Swimmingpool spazieren, der ein paar Schritte entfernt am Haupthaus liegt.

6 Borgo Pianciano Adresse: Località Pianciano, 06049 Spoleto
Tel: 0039 339 3091290 Internet: www.pianciano.it
Preise: Wochenrate (6–9 Personen) ab 1000 Euro

☞ Borgo della Marmotta

Wie ein kleines Dorf wirkt dieses Farm-Resort mit seinen Gässchen, Torbögen und Innenhöfen. Ab 1673 war es das Anwesen der Familie della Genga, später wurde es zum bevorzugten Jagdgebiet von Papst Leo XII. und ist heute ein Refugium, dessen Zimmer und Suiten in den ehemaligen Ställen und Kammern liegen. Eingerichtet sind sie im modernen Landhausstil, und besonderer Wert wird auf eine persönliche Atmosphäre gelegt – und darauf, dass man entspannt. Ob auf dem Anwesen selbst, am Pool oder im umgebenden Spoleto-Tal mit seinen Olivenhainen, aus denen bestes Olivenöl gewonnen wird.

Adresse: Frazione Poreta, 1, 06049 Spoleto
Tel: 0039 0743 274137, Inernet: www.leterrediporeta.it
Preis: DZ ab 100 Euro, Frühstück inklusive

WE ARRANGE:
LIGHT LUNCH
MASSAGGE
YOGA LESSONS
RAFTING
ADVENTURE PARK
WINE TOUR
POISSONS
Reception
Smith
HOTEL
Mr & Mrs Smith

OSTERIA DEL TRIVIO

Wie aus einem Italien-Bilderbuch sieht es in der Osteria von Umberto & Mizella Muraro aus: rot-weiß karierte Tischdecken, charmant verwitterte Kaufmannsschränke, dazu getrocknete Zwiebel- und Knoblauchzöpfe, die unter der Decke baumeln, und an den Wänden Familienfotos, die es sehr privat machen.
Nach vielen Jahren in Deutschland, den USA und England sind die Muraros vor 13 Jahren in ihr Heimatstädtchen zurückgekehrt und haben ihre Osteria eröffnet – mitten am Hang in einer ehemaligen Werkstatt, an die heute so gar nichts mehr erinnert. Jeden Morgen stehen Mizella und ihre Schwestern um den großen Marmortisch im Eingang herum, um darauf Nudeln vorzubereiten. Und auch sonst wird hier auf Handarbeit und auf Slow Food gesetzt, mit typischen Gerichten der Region und deren Produkten. Die Strangozzi con fave, pancetta e pecorino, herrlich al dente mit kleinen grünen Bohnen, jede einzeln gepult, samt Speck und Käse sind ein Genuss, die Tagliatelle ai funghi porcini ganz schlicht und köstlich, mit Steinpilzen aus der Umgebung. Auch wenn die reichhaltige Pasta wirklich satt macht, sollte man unbedingt noch Mizellas Crescionda, selbst gebacken wie alle anderen Kuchen auch, probieren. Er gilt als Klassiker während des Karnevals in Spoleto, wird mit Amaretto und Schokolade zubereitet und ist herrlich saftig und nicht zu süß.

7 Osteria del Trivio Adresse: Via del Trivio, 6, 06049 Spoleto
Tel: 0039 0743 44349
Öffnungszeiten: Mittwoch bis Montag 12.30 – 15.00 Uhr, im Sommer 19.30 – 22.30 Uhr, im Winter 19.00 – 22.00 Uhr, Dienstag geschlossen

NO SMOKING
OLIO DI SEMI
ACETO DI VINO
FORMAGGIO GRASSO
OLIO DI OLIVA
FORMAGGIO MAGRO

Grappa
del Contadino

☞ Trattoria La Torretta

Typisch umbrische Küche, einfach und fein, mit lokalen Klassikern wie Strangozzi in Tomatensauce gekocht, Steinpilzen, Trüffeln oder Pappardelle mit Lammragout und Artischocken. Meistens sind Elio oder Stefano Salvucci selbst vor Ort, um die Gäste in ihrer rustikal-eleganten Trattoria zu empfangen. Doch trotz aller Herzlichkeit geht es in ihrem Gastraum manchmal etwas steif zu. Umso schöner ist es, wenn die Terrasse geöffnet ist und man draußen sitzt. So einen Blick ins Tal hat man in Spoleto selten.

Adresse: Via Filitteria, 43, 06049 Spoleto
Tel: 0039 0743 44954
Internet: www.trattorialatorretta.com
Öffnungszeiten: Mittwoch bis Montag 12.30 – 15.00 Uhr,
19.00 – 22.30 Uhr, Dienstag geschlossen

DER DOM VON SPOLETO

Der Duomo Santa Maria Assunta, ab 1175 erbaut, hat einen gelungenen Auftritt. Biegt man aus einer der schmalen Gassen um die Ecke, liegt er plötzlich mit einem Paukenschlag da, mit seinen leuchtenden Madonnen-Mosaiken an der Fassade, Rosettenfenstern und an einer Piazza mit spektakulärer Treppenanlage. Der Platz ist einer der schönsten Orte des Städtchens, und heute treiben sich auf der Piazza vor allem Touristen herum, die einen Blick auf die Fresken des berühmten Florentiner Künstlers Filippo Lippi (1406–1469) werfen möchten, der die Apsis des Doms um 1469 mit perspektivisch kunstvollen Szenen aus dem Leben der Jungfrau Maria ausmalte. Sie sind von links aus in die Kapitel „Verkündigung“, „Maria Entschlafung“, „Krönung“ und die „Geburt Christi“ unterteilt, und die ersten drei, die fast vollständig von Lippi selbst gemalt wurden, sind ungewöhnlich in ihrer Leuchtkraft, Eleganz und Dynamik. Auch Lippi selbst verewigte sich: In der „Entschlafung“ ist er der Mann mit schwarzem Hut, der sich dem Betrachter zuwendet, während sein Sohn Filippino, elf Jahre alt und der ebenfalls im Dom mitarbeitete, als Engel mit einer Kerze zu sehen ist. Noch während der Arbeiten verstarb Lippi, aber die Spoletaner weigerten sich, den Leichnam an die Medici herauszugeben, die ihn in Florenz ehrenvoll beisetzen wollten. Stattdessen begruben sie ihn im hinteren Teil des Doms, wo sein Leichnam während Restaurierungsarbeiten verloren ging.

8 Duomo Santa Maria Assunta
Adresse: Piazza del Duomo, 2, 06049 Spoleto
Öffnungszeiten: 8.30 – 12.30 Uhr und 15.30 – 19.00 Uhr

B. ADĀ

☞ Spoletosphere und andere Skulpturen

1962 wurde Spoleto in eine „Città Museo“ verwandelt – mit Skulpturen internationaler Künstler, die sich bis heute durchs Stadtbild ziehen. Alexander Calders spektakuläre Teodelapio-Skulptur, die vor dem Bahnhof aufragt, gehört ebenso dazu wie Nino Franchinas Werk auf der Piazza del Comune oder Lynn Chadwicks „Stranger III“ in der Via dell'Arringo. 1967 kam Buckminster Fullers Spoletosphere in der Via Flitteria hinzu, die seine berühmten geodätischen Kuppeln als Plastik zeigt. Gehen Sie vom Rathaus weiter nördlich Richtung Kulturzentrum, dort steht sie gegenüber. Weitere Arbeiten von Calder & Co. sind in der Galleria Civica d'Arte Moderna an der Piazza Collicola zu sehen.

RELAIS CASAMASSIMA

Mehr als 25 Jahre hat Anna Locori in der Fashion-Industrie gearbeitet – als Assistentin der Familie des visionären Schuhdesigners Salvatore Ferragamo, ist um die Welt gejettet, baute deren Schuhmuseum mit auf, um sich 2008 schließlich auf das Familienanwesen ihres Mannes zurückzuziehen. Und während er in der Woche als Arzt in Florenz arbeitet, umsorgt sie ihre Gäste mit einer Leidenschaft und Herzlichkeit, die mitreißend ist. Drei elegante und heimelige Suiten hat sie eingerichtet, die von Wein umrankt sind, eigene Eingänge sowie kleine Terrassen haben und mit Liebe ausgestattet sind. Mit Antiquitäten, hellem Leinen und Malereien, die auf pure Steinwände treffen – und dazu hat sie an Kleinigkeiten gedacht, die einen großen Unterschied machen. Kunstbände und andere Bücher über die Region liegen bereit, und im Bad gibt es neben einem Vergrößerungsspiegel Badesalze, Kosmetik aus Olivenöl und kuschelige Bademäntel, in denen man am Kamin relaxen kann. Genauso wie am Pool oder auf der großen Terrasse, die schon Motiv für den berühmten Fotografen Steve McCurry war, der hier eine Kampagne fotografierte. Wahlweise dort oder in einem kleinen Windergarten wird das Frühstück serviert – mit hausgemachten Marmeladen und Käse aus der Umgebung und allem anderen, was das Herz begehrt, und dazu gibt es jede Menge Tipps von Anna, die sich auch kulturell bestens in Perugia und in der Umgegend auskennt.

9 Relais Casamassima Adresse: Strada Pieve San Sebastiano, 5, 06134 Perugia Tel: 0039 338 8255682 Internet: www.casamassimarelais.com Öffnungszeiten: Täglich 7.00 – 24.00 Uhr

Gespräch mit Anna Locori

Inhaberin des Relais Casamassima

Sie sind von Florenz aufs Land gezogen. Haben Sie eine spezielle Verbindung zu der Gegend hier?

Die hat vor allem mein Mann, denn das Anwesen gehört seiner Familie. Er hat hier viele Ferien verbracht und auch lange Jahre während des Kriegs. Sein Großvater, der Professor an der Universität von Perugia war, hat das Land 1861 gekauft und übernahm, da er eine besondere Liebe zur griechischen Kultur pflegte, die fast 1000 Olivenbäume gleich mit.

Das hört sich nach jeder Menge Arbeit an ...

Ich habe natürlich Hilfe, denn alleine könnte ich es gar nicht schaffen. Aber dennoch ist es reichlich Arbeit. Wir haben ja auch noch Weinstöcke, machen Sangiovese und Cabernet Sauvignon und halten zudem 20 Schafe, deren Lämmchen ich auch schon mal mit der Flasche aufziehe. Wenn meine Freundinnen aus Florenz kommen, versprechen sie immer mitzuhelfen. Doch am Ende liegen sie dann lieber die ganze Zeit am Pool ...

Ihr neues Leben unterscheidet sich ganz schön von dem in der Modeindustrie.

O ja, das ist es. Aber nach den ganzen Jahrzehnten, in denen ich ständig unter Strom stand, wollte ich doch mal zur Ruhe kommen.

Und sind dennoch sehr umtriebig ...

Ja, das mit dem zur Ruhe kommen hat nicht ganz geklappt. Ich interessiere mich sehr für Kunst und Musik, und mit Perugia um die Ecke haben wir das Glück, dass es dort ein sehr großes Angebot gibt. Und so manches Wochenende verbringe ich auch in Florenz, wo mein Mann als Arzt arbeitet und wohl nicht aufhört, bis er hundert ist. Ein besonderes Geschenk aber ist es, in der Casamassima immer neue Menschen kennenzulernen, und dabei kommt es manchmal auch vor, dass wir enge Freunde werden.

PRODOTTI TIPICI

PERUGIA

So idyllisch das mittelalterliche Zentrum von Umbriens Hauptstadt Perugia ist, so seelenlos sind dessen Vorstädte. Doch hat man den Kern, der sich malerisch an einen Hügel schmiegt, erst mal erreicht, sind diese sofort vergessen. Stattdessen kann man durch kleine windschiefe Gassen flanieren oder zum Palazzo dei Piori, der mit seinem majestätischen gotischen Eingang und seinen kleeblättrigen Fensterreihen einer der eindrucksvollsten Italiens ist. Ein Muss ist es zudem, einmal den Corso Vannucci entlangzuschlendern. Auf der Hauptstraße mit seinen Cafés, Restaurants und Geschäften findet jeden Abend die Passeggiatta statt, ein italienisches Ritual, das zum Alltag gehört wie das Zähneputzen. Fängt es an zu dämmern, werden die Kinder herausgeputzt, die Frauen ziehen sich noch einmal die Lippen nach, die Ragazzi drapieren ihr Haar – und dann wird den Corso hoch und runter flaniert und das Sehen und Gesehenwerden zelebriert. Dabei hört man durchaus verschiedene Sprachen und sieht viele junge Leute der internationalen Universität, die Mussolini einst ins Leben rief, um Italiens Image aufzupolieren und die Perugia nicht nur zur weltläufigsten und jugendlichsten Stadt der Region gemacht hat, sondern auch zu einem pulsierenden Ort für Konzerte, Filmprogramme und Ausstellungen. Zudem gehört die Galleria Nazionale dell'Umbria mit ihrer klassischen Sammlung zum Besten der Region, und im Sommer findet das legendäre Festival Umbria Jazz statt, das schon Größen wie Miles Davis oder Stan Getz nach Perugia brachte.

OSTERIA A PRIORI
food in Umbria
to eat and buy

OSTERIA A PRIORI

Der Eingang ist klein und das Restaurant, das sich dahinter verbirgt, schmal. Man geht an gestapelten Weinkisten vorbei, an Regalen mit ausgesuchten Olivenölen und sieht hinten bereits ein paar hohe Tische stehen und hört das Brutzeln aus der offenen Küche, in der seit vier Jahren Adonella Schippa am Herd steht. Und der Weg führt noch weiter. Eine Treppe hoch und an vielen anderen Kisten vorbei, bis man schließlich in einem lang gezogenen Gewölbe landet – mit modernen, zusammengezimmerten Tischen und Bänken, an denen vor allem Perugianer sitzen. Den Gang entlang wirbelt Adonellas Tochter Ilaria, denn hier ist nicht nur zur Mittagszeit viel los, wenn ein Drei-Gänge-Menü für gerade mal 9 Euro serviert wird. Lecker sind die Fagiolina del Trasimeno, Bohnen, die nicht viel größer als ein Reiskorn sind und die viele Jahrzehnte lang von den Speisekarten verschwunden waren, da sie nur in Handarbeit angebaut werden können. Vor ein paar Jahren aber wurden sie wiederentdeckt und sind seither fester Bestandteil der umbrischen Slow-Food-Küche. Am besten schmecken die milden Bohnen, wenn sie ganz schlicht nur mit Olivenöl und Knoblauch angerichtet sind, wie Adonella es macht. Köstlich sind auch das Ei mit Trüffel und der Brotsalat mit Tomate, Sellerie, Karotten und Zitrone. Hier sitzt man abseits des Trubels der Stadt und kann nach dem Essen noch lokale Produkte einkaufen.

11 Osteria a Priori Adresse: Via dei Priori, 39, 06123 Perugia
Tel: 0039 075 5727098 Internet: www.osteriaapriori.it
Öffnungszeiten: Mittwoch bis Montag 12.30 – 15.00 Uhr, 19.30 – 22.30 Uhr,
Dienstag geschlossen

☞ Vivace

Die kleine Snackbar ist Teil des Concept-Stores Andrei direkt an der Flaniermeile Corso Vannucci. Während unten Casual-Wear angeboten wird, Sneakers und einige hippe Marken, ist oben ein kleines Café, das gleichzeitig ein ausgesuchtes Deli ist. Olivenöl von Frantoio Gaudenzi kann man dort ebenso kaufen wie Pasta von Giuseppe Cocco, Käse, Gebäck und Weine. Etwas weniger Neureichen-Style samt dekorierten Champagner-Flaschen würde dem Vivace guttun, der Blick auf den Corso allerdings ist toll. Man kann Kleinigkeiten wie eine Suppe, Carpaccio oder Salate essen – und vor allem auch draußen sitzen.

Adresse: Corso Vannucci, 47, 06121 Perugia
Tel: 0039 075 5728927
Internet: www.vivaceperugia.it
Öffnungszeiten: Montag bis Samstag 10.00 – 22.00 Uhr

CUVÉE

BASILIKA SAN FRANCESCO

Hätte Franz von Assisi (um 1181-1226) das gewollt? Dass man ihm solch einen Prachtbau als Grabstätte errichtet? Eine Basilika mit Ober- und Unterkirche, wunderschön ausgemalt – und das für einen Prediger, der sein Leben den Armen widmete und selbst wie sie lebte. Auch wenn sich an der Antwort die Geister scheiden: Die Basilika zu besuchen ist ein Erlebnis. Sie ragt am einstigen Colle del Inferno hervor, dem Hinrichtungsplatz für Verbrecher, den der Franziskaner sich als Ruhestätte aussuchte. Ihm zu Ehren wurde er in Colle del Paradiso umbenannt, und dort steht heute die Basilika mit ihren fantastischen Renaissance-Fresken, die aus seinem Leben erzählen. Gläubige und Nichtgläubige pilgern dorthin, Mönche und Touristen, und trotz der Millionen Besucher pro Jahr herrscht eine fast andächtige Stimmung, denn das Licht ist gedimmt und einzig Flüstern erlaubt. Ob die Fresken der Oberkirche tatsächlich von Giotto (1266–1337) gemalt wurden, daran gibt es mittlerweile Zweifel. Auf jeden Fall aber sind sie in ihrem Zusammenspiel aus Inhalt, Darstellung und Einbettung in die Architektur ein Wendepunkt in der Kunst – und ein wirkliches Ereignis. 1997 wurden sie durch ein Erdbeben, bei dem auch zwei Mönche starben, schwer beschädigt und mehr als 300.000 Steinchen in jahrelanger Kleinarbeit wieder zusammengefügt.
Benutzen Sie den Parkplatz Moiano und nehmen Sie die Rolltreppen hoch zur Basilika.

12 Basilika San Francesco Adresse: Via San Francesco, 2, 06081 Assisi
Tel: 0039 075 819001 Internet: www.sanfrancescoassisi.org
Öffnungszeiten: März bis Oktober: Täglich 8.30 – 18.50 Uhr, November bis März 8.30 – 12.00 Uhr, 14.00 – 17.50 Uhr

Coccorone

IL COCCORONE

Bevor der Monte de Falco dem Bergstädtchen den Namen Montefalco gab, hieß es Coccorone – ganz wie das Restaurant in dessen Altstadt, ein Lieblingsort vieler Italiener. Draußen kann man, eng an eng, auf einer lauschigen Terrasse sitzen, drinnen inmitten leuchtend roter Wände, Steinbögen und Landschaftsgemälden. Eine Spezialität der Chefin Anna Settini, die seit 1985 im Coccorone kocht, sind die Pappardelle al Sagrantino, breite selbst gemachte Bandnudeln, deren Teig einen ordentlichen Schluck des roten Hausweins Sagrantino enthält. Die Pasta ist eine Köstlichkeit, die sehr aromatisch schmeckt und mit Pilzen serviert wird, die ganz schlicht einzig mit etwas Knoblauch und Chili angebraten sind. Sie sollten sie unbedingt probieren, denn sie sind wirklich etwas Besonderes. Genauso wie die seltenen Ovoli, orangefarbene Pilze, die am schmackhaftesten sind, wenn sie gerade frisch aus ihrer Hülle geplatzt und eine wirkliche Delikatesse sind, in etwas Olivenöl angebraten und mit Zitrone und Thymian gewürzt. Wer Fleisch mag, der wird zu einer Vitrine geführt, in der er aussuchen kann, was er am liebsten mag – und zu allem passt der wirklich gute Hauswein Sagrantino und noch besser der 2009 Agricola Spacchetti Montefalco Rosso. Krönender Abschluss ist die saftige Torta di ricotta mit Zimt und Schokolade. Sie sollten reservieren, denn nicht umsonst steht ein kleines rotes Wartesofa im Eingang.

13 Il Coccorone Adresse: Largo Tempestivi, 11, 06036 Montefalco
Tel: 0039 0742 379535 Internet: www.coccorone.com
Öffnungszeiten: Montag bis Sonntag 12.30 – 22.00 Uhr, Mittwoch geschlossen

☞ OLEVM

Überbordend vor guten Sachen ist dieses kleine Restaurant, das zugleich Snackbar und Deli ist. Inmitten von Regalen, gefüllt mit bestem Olivenöl und allem was man daraus machen kann und was gut dazu passt, sitzt man an kleinen Holztischen und kann es sich gut gehen lassen. Daniella kocht typisch umbrisch, Aubergine mit Parmesan überbacken, Gnocchi, ausgesuchte Käse und Salami gibt es, und auch frühstücken kann man hier gut.

Adresse: Corso Goffredo Mameli, 55, 06036 Montefalco
Tel: 0039 0742 379057
Internet: www.olevm.it
Öffnungszeiten: Täglich 10.00 – 12.00 Uhr, 14.30 – 17.30 Uhr

OLE
VM

Gaudenzi
Quinta Luna
Gaudenzi
frantoio
Olio Extra Vergine di Oliva

FRANTOIO GAUDENZI

Das Olivenöl von Frantoio Gaudenzi, berühmt für seine leuchtend grüne Farbe, für seine Fruchtigkeit und seine Etiketten mit einem sanften Mondgesicht darauf, begleitet einen durch Umbrien. Man findet es in ausgesuchten Delis und Concept-Stores – und in der modernen Gaudenzi-Mühle selbst, der ein kleiner Shop angeschlossen ist.

1950 hat Vittorio Gaudenzi in Trevi eine historische Olivenpresse aufgebaut, die er drei Jahre lang liebevoll restaurierte und in eine verwandelte, die das Öl schonend kalt presst und damit seiner Zeit voraus war. Heute betreibt sein Sohn Francesco die Mühle – mit brandneuen Maschinen, die die Oliven bei niedrigen Temperaturen zu kaltem Öl pressen und so die Nährstoffe erhalten. Die Oliven werden dafür „im fünften Mond nach der Blüte gelesen", und es entsteht ein Öl, das preisgekrönt ist und Noten gerösteter Mandeln, Artischocken, Paprika und Kiwis enthält. Besonders köstlich ist auch das junge Öl, das im Oktober gepresst wird, umwerfend frisch ist und nach Gras und nach Frühling schmeckt.

In dem kleinen Shop neben der Fabrikation werden die verschiedenen Öle und eine kleine Auswahl an Olivenpasten angeboten, und interessant ist es, einen Blick durch die großen Glasfenster zu werfen, hinter denen direkt die Ölproduktion liegt. Fragen Sie ruhig nach, ob jemand Zeit hat, Sie hineinzuführen und Ihnen die Herstellung zu erläutern.

14 Frantoio Gaudenzi Adresse: Località Camporeale, 6, 06039 Pigge di Trevi
Tel: 0039 0742 781107 Internet: www.oliodopgaudenzi.it
Öffnungszeiten: Montag bis Freitag 8.00 – 17.00 Uhr, Samstag 9.00 – 12.00 Uhr

Quinta Luna
Gaudenzi
frantoio
Olio Extra Vergine di Oliva

Quinta Luna
Gaudenzi
frantoio
Olio Extra Vergine di Oliva

T
RIV.N.
SALI E
TABACCHI

DER SÜDEN UND ORVIETO

Im Süden Umbriens liegt die lebenswerteste Stadt der Welt. Das zumindest befand ein amerikanischer Journalist, der nach seinem Besuch 1992 solche Lobeshymnen über Todi schrieb, dass diese auch vor Ort nicht ungehört blieben. Die Stadtverwaltung polierte das Örtchen auf, Expats und etablierte Römer folgten dem verheißungsvollen Ruf, trieben die Immobilienpreise in die Höhe, und jeden September gibt es jetzt ein hochkarätiges Kulturfestival mit Musik, Ballett und anderen Künsten. Wer den ungekünstelten mittelalterlichen Charme Todis erleben möchte, sollte allerdings außerhalb der Festival- und Feriensaison kommen.

Oder direkt nach Orvieto weiterziehen, das spektakulär auf einem 200 Meter hohen Plateau aus Tuffstein liegt. Schon den Maler William Turner hat dieser Anblick 1828 zu dem erhabenen Gemälde „Ansicht von Orvieto“ inspiriert. Die Vulkanausbrüche aber schufen nicht nur den Stein, sondern auch einen Boden, auf dem die Trauben des berühmten Weißweins Orvieto ganz wunderbar wachsen. Das Highlight jedoch ist der Dom, dieses schwarz-weiß gestreifte gotische Wunderwerk mit einer so reich verzierten Fassade, dass es einem die Sprache verschlägt, und Fresken, wie man sie sonst nicht sieht. Das zieht natürlich reichlich Touristen an, die sich in den kurvigen Gassen Orvietos aber gut verteilen.

Schön ist es auch, auf dem Rundweg Viale Giosuè Carducci die Ausblicke aufs Umland zu genießen – und interessant, in die Tuffstein-Höhlen hinabzusteigen.

LOCANDA PALAZZONE

1299 ließ der Kardinal das Palazzone für Pilger errichten, die auf der Via Francigena unterwegs nach Rom waren. Schon damals war das Bauwerk mit seinen geschwungenen Deckenbögen sehr modern. Die Familie Locatelli, die besten Winzer der Region und bekannt für ihren Orvieto Terre Vineate, haben das mittelalterliche Gebäude entkernt und modern upgedatet – mit einem kathedralenhaften Entree und fünf Suiten. Als Maisonette-Apartments angelegt, ist es schon ein Treppauf, Treppab, das man zwischen Wohnraum, Bad und Schlafzimmer zurücklegen muss. Eingerichtet ist das Palazzone mit moderner Kunst und Designklassikern, man kann sich auf dem Eames Lounge Chair ausstrecken und vor dem großen Kamin in Bildbänden blättern. Schade nur, dass dort auch Schilder mahnen, die Möbel doch bitte vorsichtig zu behandeln. So kommt man sich ein wenig wie im Museum vor genauso wie beim Frühstück, das in einem etwas leblosen Raum im unteren Geschoss serviert wird. Alles ist jedoch vergessen, wenn das Dinner von Zaza, dem gerade mal 20 Jahre alten Chef, serviert wird. Anchovis mit Dill, rohe Pilze mit Pecorino und Seebarsch mit Kaffee gehören ebenso dazu wie wunderbar cremiges Muschelrisotto. Im Sommer kann man das alles auch im Garten oder auf der Terrasse genießen, umgeben von den Weinbergen der Locatellis und mit weiten Blicken in die Landschaft hinaus.

15 Locanda Palazzone Adresse: Località Rocca Ripesena, 05018 Orvieto
Tel: 0039 0763 393614 Internet: www.locandapalazzone.com
Preise: Doppelzimmer ab 185 Euro, Frühstück inklusive

Misia
Country Resort & Spa

MISIA

Im Schatten des Rocca, jenem großen Felsen, den man schon von Weiten sieht, liegt das Anwesen von Giorgios Familie, das sie nach seiner Großmutter Artemisia benannt hat. Früher hat die Familie hier Urlaub gemacht, in einem hübschen alten Steinhaus, das so persönlich und liebevoll eingerichtet ist wie die Apartments und weiteren zehn Zimmer. Verbunden sind sie durch moderne glasüberdachte Schiefertreppen, die Altes mit Neuem verbinden. Das ist das Thema des gesamten Resorts, wie Giorgio sagt, der mittlerweile in Rom lebt, als Kind aber alle seine Sommer hier verbracht hat. Jetzt teilt er sich die Führung des Hotels mit seinen Geschwistern, und gemeinsam bringen sie frischen Wind in die traditionelle Region. Die Apartments und Zimmer haben sie im modernen und etwas verspielten Landhausstil eingerichtet, der auf historische Gemäuer trifft, große Steinkamine kontrastieren mit Artemide-Leuchten und bunte Stoffe mit Sandfarben und mattem Weiß.

Im Misia-Resort kann man sich zurückziehen, umgeben von herrlicher Ruhe und am Rand des Dörfchens Rocca Ripesena, das nicht nur zur Mittagszeit in einem Dornröschenschlaf liegt. Orvieto ist nur ein paar Minuten entfernt, dazu kann man auf den Rocca selbst spazieren, von dem es heißt, dass er vor Hunderten Jahren bei einem Vulkanausbruch entstanden sei, und nicht nur von dessen Gipfel gibt es schönste Blicke über die Landschaft.

16 Misia Adresse: Località Rocca Ripesena, 51/52, 05018 Orvieto
Tel: 0039 0763 342336 Internet: www.misiaresort.it
Preise: Doppelzimmer 130 Euro, Frühstück inklusive

LA MODA

COCKTAIL

LE PIETRE PARLANTI
SAN GIOVANNI
PALAZONE
PALAZONE
PALAZONE
CERVARO
LIGNANA

TRATTORIA DA CARLO

Dieses Restaurant liegt in einer kleinen Fußgängergasse zwischen der Piazza Vivaria und der Via Corsica – und in ihm wirbelt Carlo, während seine Mutter die Gäste bedient. Das macht Carlo zwischendurch aber auch selbst, schäkert mit ihnen, um sich dann mit dem Bauern Roberto zusammenzusetzen, der frische Steinpilze bringt, einen römischen Filmproduzenten zu begrüßen und anschließend in der halb offenen Küche wieder den Kochlöffel zu schwingen. Dort lässt er die so schlichten wie köstlichen Spaghetti Cacio e Pepe in die Luft fliegen, bereitet das Couscous mit Gemüse und Kräutern aus Orvieto vor, das aromatisch und perfekt durchgezogen ist und auch die überbackenen Auberginen mit Tomate und Mozzarella, die, wunderbar sämig, mit einer feinen Kruste überzogen sind und das legendäre Tiramisu „alla Carlo".
Dazu weht Jazz durch die beiden Räume, von denen der hintere etwas abgelegener liegt. Sie sollten sich aber auf jeden Fall in den kleinen und hübschen weiß gekachelten Raum am Eingang setzen. Vier schlichte dunkle Holztische stehen dort, die Küche ist geöffnet, und hier ist man ganz nahe dran an Carlo, der ein leidenschaftlicher Gastgeber ist. Lassen Sie sich von ihm ein paar Gerichte empfehlen und bestellen Sie ruhig den Hauswein, der wirklich gut ist. Im Sommer kann man in dem Gässchen auch draußen sitzen.

17 Trattoria da Carlo Adresse: Vicolo del Popolo, 9, 05018 Orvieto
Tel: 0039 0763 343916 Öffnungszeiten: Montag bis Samstag 12.00 – 15.00 Uhr, 19.00 uhr – 23.00 Uhr, Sonntag 12.00 – 15.00 Uhr

da Carlo
TRATTORIA
a tavola
con prodotti
di qualità
olio
extravergine
di oliva
pane
lievitazione
naturale
cottura
a legna
salumi e
APERTO
LA TRATTORIA

Spaghetti Cacio e Pepe

Für 4 Personen

400 g Spaghetti
100 g geriebener Pecorino
4 EL Olivenöl
1 EL frisch gemahlener schwarzer Pfeffer

Die Pasta in reichlich Salzwasser kochen und anschließend einen Schopflöffel des Pastawassers entnehmen, der später für die Sauce verwendet wird.
Die abgegossenen Spaghetti in eine tiefe Pfanne geben und wieder auf den Herd stellen.
Die Schöpfkelle Pastawasser und das Olivenöl hinzufügen, gut durchmischen und etwas verdampfen lassen.
Den größten Teil vom geriebenen Pecorino und des frisch gemahlenen schwarzen Pfeffers hinzugeben und miteinander vermengen.
Spaghetti mit dem restlichen Käse und Pfeffer bestreuen und servieren.

Gespräch mit Carlo Alberto Cerrini

Chefkoch und Inhaber der Trattoria da Carlo

Ihre hausgemachten Spaghetti Cacio e Pepe sind köstlich ...

Ja, die Pasta macht Andrea Grancini, eine Dame hier aus dem Ort, gemeinsam mit ihrem Sohn. Viele Restaurants behaupten ja, sie backen ihr Brot selbst und haben handgemachte Nudeln. Aber das ist ja gar nicht möglich. Wir kochen jeden Tag mindestens acht Kilo Pasta, wie soll man die selbst machen. Und Andrea ist eine wirkliche Meisterin.

Wo haben Sie Kochen gelernt?

In der eigenen Küche. Ich hab es mir selbst beigebracht. Denn ehrlich gesagt ist die italienische Küche ja nicht sehr kompliziert. Man braucht etwas Köpfchen und muss Lust haben, Sachen auszuprobieren, und dann klappt es schon. Wir Italiener mögen es simpel.

Und Sie verwenden so gute Zutaten.

Ja, alles war ökologisch, bevor es überhaupt Mode wurde. Die Zutaten kommen von Bauern aus der Umgebung, das Brot wird in der Nähe gebacken, der Wein stammt von Palazzone. Deswegen haben wir auch keine Gerichte mit Trüffeln, denn in der unmittelbaren Umgebung kommen sie nicht vor.

Mittlerweile unterrichten Sie auch in New York ...

Ja, jeden Winter reise ich mit meiner Mutter nach New York. Das ist eine tolle Abwechslung. Ich unterrichte in einer schicken Kochschule in Tribeca, wo reiche Damen die italienische Küche lernen. Sie stehen normalerweise nie in einer Küche und werden es anschließend wohl auch nicht tun. Aber es macht Spaß. Sie wissen zwar noch nicht einmal, wie man eine Artischocke putzt, aber sind mit sehr viel Enthusiasmus dabei – genauso wie ich.

☞ Caffè Montanucci

Groß, in der Fußgängerzone Orvietos gelegen und ein beliebter Treffpunkt der Einheimischen ist das Caffè Montanucci, um schnell einen Espresso an der Bar zu nehmen, sich einen Panino auszusuchen oder Antipasta, von denen in der großen Vitrine eine riesige Auswahl aufgebaut ist, die von Bohnen über Tonno und Salat zu Pasta, Risotto und Quiches reicht.
Die Einrichtung mit ihren aus Holz gefrästen Bäumen, Landschaften und Giraffen ist so unique wie gewöhnungsbedürftig, aber mittendrin steht ein großer Stehtisch, an den man sich locker ranstellt, Zeitung liest und snackt.

Adresse: Corso Cavour, 21-23-25, 05018 Orvieto
Tel: 0039 0763 341261
Internet: www.barmontanucci.it
Öffnungszeiten: Täglich 7.00 – 24.00 Uhr

DER DOM VON ORVIETO

Dass er am Tag des Jüngsten Gerichts von seiner eigenen Schönheit getragen gen Himmel aufsteigen würde, prophezeite Papst Leo XIII. dem Dom von Orvieto. Und steht man davor, weiß man, wie er darauf kam. Durch Basalt- und Tuffstein schwarz-weiß gestreift, steht er imposant da, und schon an seiner Fassade kann man sich nicht sattsehen. Säulen, Reliefs, Skulpturen und goldene Mosaike und dazu Hunderte spektakulärer Details, die Szenen aus dem Alten und Neuen Testament zeigen, die Geschichte von Adam und Eva, David und Abraham, Christus und der Jungfrau Maria, dazu Hungersnöte, Plagen, Himmel und Hölle und gedrehte Säulen mit glitzernden Mosaikblüten. Eine Schönheit, die überbordend ist und im Dom spektakulär fortgeführt wird. Umspült von klassischer Musik schreitet man beseelt durch den leeren Kirchenraum und hin zu Luca Signorellis extravagantem Freskenzyklus, der vom Antichristen und dem Ende der Welt erzählt. Provokante Bildthemen, die schon während ihrer Entstehung für Diskussionen sorgten und die Signorelli 1499 als renaissancehaften Comicstrip umsetzte. Er zeigt Tod, Gericht, Hölle und Himmel als Tableau menschlicher Körper, mitreißend in ihrer Bewegung, viele nackt und alle anatomisch so perfekt, wie man es zuvor nur selten gesehen hatte.
Schlängeln Sie sich mit dem Auto ruhig bis zum Dom durch. Direkt daneben ist ein bewachter Parkplatz.

18 Dom von Orvieto Adresse: Piazza del Duomo, 26, 05018 Orvieto Tel: 0039 0763 341167 Internet: http://www.opsm.it Öffnungszeiten: November bis Februar 9.30 – 13.00 Uhr, 14.30 – 17.00 Uhr, März und Oktober bis 18 Uhr, April bis September bis 19.00 Uhr, am Sonntag nur nachmittags

EREMITO HOTELITO DEL ALMA

Zeit für sich selbst zu haben und zur Ruhe zu kommen, das ist heute der größte Luxus, weiß Marcello Murzilli, der ein erfolgreicher Fashion-Designer war, bevor er in Mexiko das Eco Luxus Resort Desconocido eröffnete – und vor vier Jahren nach Italien zurückkehrte. Seither hat er sein neues Herzensprojekt aufgebaut, das klösterliche Eremito, in dem man aus dem Alltag aussteigen kann. 32.000 Kilometer hat er zurückgelegt, bevor er das Anwesen auf einer Anhöhe inmitten von Wäldern entdeckte und es in einen modernen Rückzugsort verwandelte, an dem spirituelle Klänge durch die Hallen wehen – und man in einem der 14 Einzelzimmer schläft, mit marmornen Weih-Waschbecken, antiken Betten und Eremitengemälden. Augenzwinkernd ist der Bademantel wie eine Kutte designt, die Bettwäsche ist aus bestem Leinen handgenäht, und auch sonst stimmt jedes Detail.

Das Biogemüse kommt aus dem eigenen Garten, zum Frühstück gibt es selbst gebackenes Brot, abends Bohnensuppe, Tomatensalat und Getreidetaler, dazu Wein aus dem Tonkrug und einen prasselnden Kamin. Man kann durch den Rosengarten schlendern, Yoga machen, den Fels-Jacuzzi genießen oder einfach die atemberaubenden Blicke auf die Landschaft.

Sein Auto parkt man unten am Fluss und steigt in Marcellos Jeep um, der einen über Stock und Stein in die schönste Abgeschiedenheit bringt – ganz ohne Wi-Fi und sonstige Banalitäten.

19 Eremito Hotelito del Alma Adresse: Località Tarina, 2, 05010 Parrano-Orvieto Tel: 0039 0763 891010 Internet: www.eremito.com Preise: EZ 155 Euro, alles inklusive

San Romualdo
Nobile divenne eremita e iniziò una serie di
peregrinazioni lungo l'Appennino con lo scopo di riformare
monasteri ed eremi sul modello degli antichi cenobi
dell'oriente. La sua fama lo mise in contatto con i
potenti. Convertì Ottone III che lo nominò abate di
S. Apollinare in Classe, carica che Romualdo rifiutò
rifugiandosi un anno a Montecassino.
Fondò numerosi eremi in particolare Camaldoli.

Ein Gespräch mit Marcello Murzilli

Inhaber des Eremito Hotelito del Alma

Das Eremito ist sehr ausgesucht und eigen eingerichtet. Haben Sie alles selbst gemacht?

Ich komme aus der Modeindustrie, bin Designer und ob ich Mode entwerfe oder Häuser, da gibt es keinen so großen Unterschied. Ich stelle mir das Interieur wie die Bilder eines Films vor, mit denen man eine Geschichte erzählt.

Und welche möchten Sie erzählen?

Die von der modernen Art des Reisens, die auch eine Reise zu sich selbst ist. Die Zeit der 7-Sterne-Hotels ist vorbei, Luxus wie in Dubai überholt. Heute besteht er darin, anzuhalten, durchzuatmen, sich selbst wieder zu spüren und heiter, gelassen und gesund zu sein.

Dabei spielt Spiritualität im Emerito eine große Rolle.

Ich bin fünf Minuten vom Vatikan entfernt geboren, und auch wenn ich den Katholizismus nicht gelebt habe, hat er mich geprägt. Als der Hurrikan in Mexiko über uns hinwegfegte, habe ich mich an Gott gewandt. Aber ob Buddha, Shiva oder Gott: Es geht vielmehr darum, sich selbst zu finden, Dankbarkeit und Glück.

Gerade in Umbrien gibt es sehr viele Klöster.

Umbrien ist ein sehr spiritueller Ort mit seinen Klöstern, Kirchen und Heiligen. Franziskus von Assisi ist hier geboren, der neue Papst hat sich nach ihm benannt. Und überhaupt: Wäre Franziskus 1990 auf die Welt gekommen und jetzt 24 Jahre alt, hätte er seinen Job als Mercedes-Händler in Assisi längst aufgegeben und würde Ähnliches ausprobieren wie wir jetzt hier.

Ist es nicht etwas einsam hier?

Überhaupt nicht. Wir leben zwar wie Mönche, sind aber keine Heiligen.

JAZZ
MOSTRE

ASSISI 4 OTTOBRE

91774 PG

ALTA UMBRIA

Nordwestlich von Perugia und in Richtung Toskana erstreckt sich ein abwechslungsreiches Gebiet, in dem so schöne Bergstädtchen wie das mittelalterliche Montone zu entdecken sind, das sich malerisch an die Felsen schmiegt. Vom großen Tourismus fast unberührt, finden sich pittoreske Plätze, an denen dicht aneinandergedrängt eine tolle Osteria, ein uniquer Kurzwarenladen und ein angestaubter Alimentari liegen oder kleine Cafés, in denen die Zeit irgendwann in den 60ern stehen geblieben zu sein scheint. Fast verträumt geht es auch am Lago Trasimeno zu, dem „Umbrischen Meer", das sich nahe Perugia inmitten von großen Hügeln erstreckt. Durch Staudämme, Umleitungen und andere Eingriffe ist der See an seiner tiefsten Stelle lediglich sieben Meter tief, trocknet im Sommer noch mehr aus, und immer wieder steht zu befürchten, dass er umkippt. Dennoch gibt es 18 ausgewiesene Badestrände mit regelmäßigen Wasserkontrollen, doch da die Wassertemperatur im Sommer auf 25 Grad steigt, ist ein Bad nicht gerade erfrischend. Malerisch ist der See, an dem Hannibal den Römern 217 v. Chr. eine blutige Niederlage bescherte, dennoch, und es macht auch Spaß, ihn per Rad zu umrunden.

Aus dem Norden Umbriens lohnt es sich auch, einen Abstecher in die Toskana zu machen. Nach Arezzo zum Beispiel mit seiner fantastischen Mittelalterarchitektur und seinen berühmten Fresken von Piero della Francesco. Oder, ganz weltlich, zum großen Prada- und Miu-Miu-Outlet an der Strada SS.69 etwas außerhalb von Arezzo.

PREGGIO
Agriturismo

AGRITURISMO PREGGIO

Es ist schon ein Schritt, den Elena und Bruno vor einigen Jahren wagten. Da verkaufte er seine Internet-Firma in Bergamo, und gemeinsam zogen sie erst mit Vierradantrieb-Campern durch die Lande, um sich schließlich in Monte Santa Maria Tiberina niederzulassen, einer kleinen Gemeinde in den Bergen nahe Perugia. Dort kauften sie ein altes Gehöft, das sie nach und nach restaurierten, die überwucherten Olivenhaine freilegten und die schönen Hänge mit Blick ins Tal. Mühsam kratzten sie ihr Wissen aus Büchern zusammen – und bekamen Unterstützung von einem alten Herrn aus dem Dorf, der Elena beibrachte, Weinstöcke anzulegen, Körbe zu flechten, Kräuter zu züchten und Bienen. Heute haben sie ihr eigenes Saatgut, bauen Gemüse, Wein und Oliven an, stellen Sugos, Käse, Brote und andere Köstlichkeiten her, während Gänse, Hühner, Hunde und Katzen gemeinsam über den Hof tapern und alles ganz pur und authentisch ist. Jeden Tag kocht Elena, man wohnt in einem der beiden Cottages oder Zimmern und sagt ihr morgens Bescheid, ob man mitisst. Kommt man von außerhalb, kann man anrufen und sich anmelden: zu gelben Tomaten mit Oregano, Focaccia mit Paprika und Rosinen, die ein Erlebnis sind, großartiger Melanzana und Pannacotta zum Niederknien. Und dazu gibt es den Weißwein Delèlena, den Bruno nach seiner Frau benannt hat, der orange schimmert und samtig trocken schmeckt.

20 Agriturismo Preggio Adresse: Via Madonna del Sodo, 147, 06019 Preggio
Tel: 0039 075 9410191 Internet: www.preggio.it
Preise: DZ 140 Euro, Frühstück inklusive

Pannacotta mit Karamell und gesalzener Orange

Ergibt 6 Portionen

Alle Teigzutaten miteinander verkneten und in Streuseln auf einem mit Backpapier ausgelegten Backblech verteilen. Bei 170 Grad 12–15 Minuten backen.
Für das Karamell den Orangensaft erwärmen. Zucker bei niedriger Temperatur in einem kleinen Topf schmelzen und bräunen lassen. Den Orangensaft hinzufügen. Eine Minute lang umrühren, darauf achten, dass das Ganze nicht überkocht. Vom Herd nehmen, Orangenschale und Salz hinzufügen.
Für die Pannacotta Gelatineblätter fünf Minuten in kaltem Wasser einweichen. Das Mark der Vanilleschote herausschaben. Die Sahne mit dem Zucker, der Milch, der Vanilleschote und dem Mark erhitzen, bis der Zucker sich aufgelöst hat. Nicht kochen lassen. Vom Herd nehmen, die Vanilleschote herausnehmen. Die Gelatineblätter ausdrücken, in die Sahnemischung geben und gut miteinander verrühren. Den Rum hinzufügen.
Auf vier Dessertgläser jeweils eine Kelle der Creme füllen, einen Esslöffel Karamell darübergeben und in ca. einer Stunde fest werden lassen. Biskuitstreusel darübergeben und mit Puderzucker bestäuben.

Für die Biskuitstreusel
50 g Reis- oder Weißmehl
50 g Butter
50 g gemahlene Mandeln
50 g Zucker
1 TL Zimt, 1 Prise Salz

Für das Karamell
175 g Orangensaft
200 g Zucker
etwas geriebene Bio-Orangenschale
eine Prise grobes Salz

Für die Pannacotta
12 g Gelatineblätter
1 Vanilleschote
1/2 l Sahne
90 g Zucker
150 g frische Vollmilch
1/2 Tasse Rum
etwas Puderzucker

☞ Maridiana Alpaca

Wie Haushunde leben die Alpakas auf der Farm der Bernas, die sich vor vielen Jahren entschlossen, Rom zu verlassen. Sie wollten nichts mit Schlachten zu tun haben, sondern lieber mit Scheren, und so kam ihnen die Idee mit den Alpakas, die im Gegensatz zu Kaschmirziegen völlig unaggressiv sind. Heute haben sie 50 Tiere, die an der Leine von Kindern über das Gelände geführt werden, und jährlich kommt Nachwuchs hinzu. Es gibt einen kleinen Hofladen mit Pullovern, Schals, Socken, Jacken, alles aus reiner Alpakawolle, manches etwas hausbacken, anderes klassisch und allesamt handgestrickt von Frauen aus dem Dorf. Auf der Farm kann man auch Zimmer mieten.

Adresse: Fraz. Niccone, 173, 06019 Umbertide
Tel: 0039 075 9410776
Internet: www.alpaca.it

ROSSO DI SERA

Abendröte nennt sich dieses junge Restaurant am Lago Trasimeno. Denn diese ist täglich von der Terrasse aus zu bewundern. Direkt am Ufer liegt es, mit ein paar Booten davor und einem Verleih, falls man hinausrudern möchte, und dies sollte man auf jeden Fall auch einmal tun – der Isola Polvese entgegen, die vor einem liegt.
In kräftiges Rot getaucht sind auch die Wände des Rosso di Sera, davor stehen kleine Holztische, und Regale ziehen sich die Wände entlang, mit Weinflaschen und Kochbüchern. Dort steckt die Köchin Federica Trovati ihre Nase jedoch nicht hinein. Vielmehr hat sie fest im Blick, was der See und das Meer zu bieten haben. Frittierte Renkefilets oder Katzenwels stehen auf der wechselnden Karte, Hecht mit Zwiebeln und Kaulbarsch in Kräuterkruste, aber auch Schleienrogen mit Schleiensugo oder Tagliatelle mit dem Geschmack des Lago Trasimeno. Wem das zu fischig ist, bietet sie Nudeln mit Wildschwein, Ravioli mit Steinpilzen oder Melanzana, „geschmolzene" Aubergine mit Tomaten-Fondue. Die Weine in den Regalen sind nicht nur zur Zierde da. Im Rosso di Sera gibt es eine beachtliche Auswahl – und zum Abschluss Biscotti mit Vino Santo. Das Restaurant liegt im Fischerdörfchen San Feliciano, durch das im Sommer ein Hauch von altem Adria-Küstencharme weht, einer kleinen, bescheidenen Uferpromenade inklusive.

21 Rosso di Sera Adresse: Via Fratelli Papini, 81, 06063 Magione
Tel: 0039 075 8476277 Öffnungszeiten: Mittwoch bis Montag 19.00 – 23.30 Uhr, Sonntag auch 12.00 – 14.30 Uhr, Dienstag geschlossen

INSACCATI FRESCHI
WOLFS BRATKARTOFFELVERUALTNISSE
Sudoku
Accademia Italiana della Cucina
Guida ai ristoranti d'Italia 1997
UMBRIA
RICHARD CRAZE
I DADI delle DECISIONI
UNA RISPOSTA A TUTTE LE TUE DOMANDE
CUCINA

INGLESE
78 CARTE TAROCCO
Gauguin

Ristorante

LA CASTAGNA

Preggio ist ein wirklich kleiner Ort, und schnell glaubt man, bereits an seinem Ende angelangt zu sein, wenn plötzlich dieses familiengeführte Restaurant auftaucht. Innen schlicht, mit groben Steinwänden und Holztischen, draußen mit einer Terrasse am Hang. Von ihr aus hat man einen weiten Blick über die Landschaft, die sich vor einem ausbreitet, und perfekt ist es, zum Sonnenuntergang zu kommen. Muße sollte man sowieso mitbringen, denn in der „Kastanie“ folgt man seinen eigenen Regeln, und sich nicht unnötig zu hetzen ist eine von ihnen – und das seit 32 Jahren. Eine andere wohl, unbedingt auf die Anweisungen der Chefin Maria Pia zu hören. Immer wieder dringt ihre bestimmte und etwas schrille Stimme aus der Küche, die sich irgendwann wie Gesang anhört. An Marias Seite kocht ihre Tochter, und gemeinsam haben sie im Laufe vieler Jahre die alte bäuerliche Kochkunst perfektioniert. Schnörkellos und delikat, mit viel Sinn für die Zutaten und deren besonderen Geschmack kommen Steinpilze, Trüffel und als Highlight die Vorspeisenplatte mit Waldpilzen auf den Tisch, aber auch Schweinekoteletts vom Holzofengrill oder gebackenes Lamm aus dem Holzofen. Ihre ungewöhnliche Spezialität: die Brennnessel-Pfannkuchen. Wollen Sie sichergehen, sollten Sie sie vorbestellen und vor allem auch einen Tisch reservieren.

22 La Castagna Adresse: Via del Forno, 13, 06019 Preggio
Tel: 0039 075 9410294 Öffnungszeiten: Mittwoch bis Montag 12.00 – 14.30 und 18.00 – 22.30 Uhr, Dienstag geschlossen

ITALIA
Tel. 075.607316

RISTORANTE
LA CASTAGNA
Via del Forno, 13 - PREGGIO (PG)
Tel. 075 9410294 - abit. 075 5009253
Cell. 346 6783660

LOCANDA DI NONNA GELSA

Großmutter Gelsa ist allgegenwärtig. Eigentlich hieß sie Rosaria, doch nach einem Radiobericht über die legendäre Contessa Gelsa 1947 wurde sie seitdem von allen nur noch Gelsa genannt. Heute sieht man sie im Logo verewigt und auf Illustrationen – und sie war Namensgeberin des Restaurants, das seit 2000 traditionelle umbrische Küche mit modernen Einflüssen versieht. Eine Spezialität ist die Suppe mit Steinpilzen, Möhren, Getreide, Lorbeer und Brot. Schlicht zubereitet, sehr würzig und knackfrisch sind die Gemüse der Saison, die je nach Jahreszeit wechseln. Chicorée, Mangold und gegrillte Steinpilze gehören ebenso dazu wie Trüffel und Tomaten in den verschiedenen Variationen. So wird auch das Kalbsschnitzel serviert: wahlweise mit Zitrone, Marsala, Weißwein oder Steinpilzen. Der Hauswein wird aus Holzkisten gezapft, und alles geht ganz unprätentiös und herzlich zu. Das Restaurant liegt direkt an einer Durchgangsstraße in dem kleinen Örtchen Umbertide Niccone. Mit zarten Gardinen ist der Gastraum von der Straße abgeschirmt, und kaum ist man eingetreten, wird man von Gelsas Enkelin Chiara herzlich empfangen. Besonders nett ist es auch, wenn man mittags kommt, denn dann sitzt man hier mit vielen Einheimischen zusammen.

23 Locanda di Nonna Gelsa Adresse: Via Caduti di Penetola, 31, 06019 Umbertide Niccone Tel: 0039 075 9410699 Internet: www.locandadinonnagelsa.com Öffnungszeiten: Mittwoch bis Montag 12.30 – 14.30 Uhr und 19.30 – 21.30 Uhr, Dienstag geschlossen

L'ARIETE

Man wird vom Duft von Lavendel, Salbei und Rosmarin empfangen und von einem hübschen großen Gebäude mit hellgrünen Fensterläden. Vor vier Jahren haben die Kärntner Martina Stromberger und Andreas Sax das Landgut zu Füßen des mittelalterlichen Städtchens Montone gekauft. Italien sollte es auf jeden Fall sein. Seitdem Martina sechs Jahre lang Kunst in Perugia studiert hatte und anschließend längere Zeit in Wien arbeitete, wollte sie immer wieder zurück. Jetzt leben die beiden nicht allzu weit von ihrer Heimat Kärnten entfernt, aber jenseits von Gewohnheiten und mit jeder Menge neuer Ideen. Dass diese auch in der Gestaltung des Hauses stecken und es von jemandem ausgestattet wurde, der eine Affinität zu schönen Dinge hat, sieht man den sechs Wohnungen sofort an. Sie sind in warmen Farben eingerichtet, mit dunklen Holzmöbeln und antiken Betten, offenen Kaminen und Ästen, die wie Skulpturen wirken, und in der Küche, die alle voll ausgestattet sind, baumeln silberne Etageren mit Weingläsern von der Decke. Am Ofen lehnt ein Frühstücksbrettchen, auf dem steht: „Her mit dem schönen Leben." Das hat man hier. Am großen Pool, in der Bibliothek, auf der großen Terrasse und in der üppigen Natur drumherum. Das Frühstück wird in den einzelnen Wohnungen bereitgestellt, und abends kocht Martina Spezialitäten der Region – alles bio aus dem eigenen Garten oder von Bauern aus der Umgebung.

24 L'Ariete Adresse: Corlo, 38, 06014 Montone
Tel: 0039 339 2909493 Internet: www.lariete.org
Preise: ab 60 Euro, Frühstück 15 Euro pro Person

MORAVOLA

TORRE DI MORAVOLA

Der Weg führt immer weiter den Berg hinauf. Steil, kurvig und verwunschen hoch zum Torre di Moravola, einem ehemaligen Wachturm, in dem nach seinem spektakulären Umbau moderner internationaler Style auf umbrisches Mittelalter trifft. Nach vielen Jahren in Hongkong haben die Designerin Seonaid Mackenzie und der Architekt Christopher Chong beschlossen, nach Italien zurückzukehren, wo sie beide einst studierten. Der Turm aus dem 12. Jahrhundert hatte sie sofort fasziniert, und sie verwandelten ihn in ein uniques Hideaway, in dem sich Beton, Glas und Stahl in die alten Gemäuer einfügen, in dem Heiligenstatuen neben Designklassikern stehen – und es von Terrassen, Balkonen und kleinen Austritten weite Ausblicke über die Landschaft gibt. Ob in den sieben luxuriös-minimalistischen Zimmern oder den Salons. Abends kann man sich in der Küche niederlassen und Christopher dabei zuschauen, wie er kocht, mit ihm plaudern und dazu den obligatorischen Prosecco trinken, den er ausschenkt. Kochen gelernt hat der gefeierte Architekt erst hier. „Aber mein Großvater war Koch", lacht er, „vielleicht liegt es ja in den Genen." Und so warten zarte Parmesan-Körbchen, die wie Korallen aussehen, auf ihre Füllung und werden Trüffel gehobelt. Das Flair, das hier herrscht, ist kreativ und international, genau wie die Gäste, mit denen man hoch oben in schönster Landschaft thront und eigentlich nicht mehr ins Tal zurück möchte.

25 Torre di Moravola Adresse: Località Moravola, 06014 Montone
Tel: 0039 075 9460965 Internet: www.moravola.com
Preise: DZ ab 230 Euro, Frühstück inklusive

L'ANTICA
OSTERIA
BAR • RISTORANTE • ENOTECA
PRODOTTI TIPICI • TARTUFI FRESCHI
PosteItaliane PT

L'infernaccio
ENOTECA - MONTONE

L'ANTICA OSTERIA
RISTORANTE

L'ANTICA OSTERIA

Als Erstes möchte man eigentlich die dunkelroten Decken vom Tisch nehmen, die viel zu düster für dieses schöne Restaurant sind und so künstlich aussehen, als würden sie bei jeder Berührung knistern. Tun sie nicht. Und bald hat man sie sowieso vergessen. Denn in dem Familienrestaurant im lauschigen Bergdörfchen Montone bekommt man so schlichte wie gute Trüffel-Gerichte serviert und das dazu noch mit umwerfendem Charme. Während der Vater ein versierter Trüffelsucher ist, der mit seinen Hunden seit Jahrzehnten in der Umgebung unterwegs ist, bedienen die beiden Söhne im Restaurant.
Das Ei mit schwarzem Trüffel ist toll, vor allem aber die hausgemachte Pasta mit weißem Trüffel ist ein Erlebnis. Dazu ein Glas des Weißweins Conte della Vipera 2011, einer der vielen umbrischen Weine, die hier angeboten werden, und das Essen ist perfekt.
Das Restaurant zieht sich über zwei Etagen. Oben ist es jedoch gemütlicher. Am schönsten aber sitzt man auf der Terrasse am kleinen Dorfplatz – mit Blick in die engen Gassen und auf die Berge. Außerdem gehört noch ein Weinkeller samt Shop zur Osteria, wo eine große Auswahl an Weinen angeboten wird und Delikatessen rund um den Trüffel und in dem man auch kleine Snacks nehmen kann.

26 L'Antica Osteria Adresse: Piazza Fortebraccio, 5/6, 06014 Montone
Tel: 0039 075 9306271 Internet: www.lanticaosteria.it
Öffnungszeiten: Täglich 12.30 – 14.30 Uhr und 18.30 – 22.30 Uhr

Tartufi Jimmy
TARTUFI
JIMMY

JIMMY TARTUFI

Daisy gehört zu Jimmy Tartufis sechs Trüffelhunden und ist eine wahre Könnerin im Aufspüren der raren Pilze, die komplett unter der Erde wachsen. Doch die olfaktorische Expertise von Jimmys Hunden und auch seine eigene allmorgendliche Trüffelsuche reichen keineswegs mehr aus, um sein Trüffel-Imperium zu versorgen. Längst kauft der Händler Trüffel von ausgesuchten Sammlern aus der Umgebung – ganz frisch, mit Qualitätsgarantie und der Sicherheit, dass sie wirklich aus den guten Böden der Region stammen und „Kilometer 0"-Produkte sind.

Auch deswegen ist Tartufi in seinem Heimatörtchen geblieben. In Pietralunga, wo es nicht nur einen Laden neben seinem Haus gibt, sondern seine Mitarbeiter auch regelmäßig auf den Märkten der Umgebung anzutreffen sind.

Im Angebot haben sie den König der Trüffel, den weißen Tuber Magnatum Pico, der nicht nur durch seine samtene Oberfläche und seinen Wohlgeruch besonders ist, sondern vor allem durch seinen aromatischen, vollen Geschmack. Aber auch schwarze Trüffel und Sommertrüffel bietet Jimmy Tartufi an – und vor allem auch verarbeitete.

Köstlich ist der Trüffelhonig und ein wunderbar intensives Erlebnis der Pecorino mit Trüffel. Dazu gibt es Olivenöle, Balsamico-Essig oder Meersalze mit Trüffel, Trüffel-Salami, Risotto, Pasteten und Pasten.

27 Jimmy Tartufi Adresse: Via dei Tigli, 16, 06026 Pietralunga
Tel: 0039 075 9460452 Internet: www.jimmytartufi.it
Öffnungszeiten: Montag – Freitag 9.00 – 12.00 Uhr, 15.00 – 19.00 Uhr,
Samstag 9.00 – 12.00 Uhr (an Markttagen geschlossen)

AUSFLUG NACH AREZZO

Die Grenzen zwischen Umbrien und der Toskana sind natürlich fließend. Und vor allem lohnt sich ein Ausflug nach Arezzo, ein Juwel mittelalterlicher Architektur mit Kaufherrenpalästen, Sakralbauten und wunderbarer Renaissance-Malerei. Während man in der Badia delle Sante Flora e Lucilla den Hochaltar von Giorgio Vasari bewundern kann und im Dom San Donato Glasgemälde von Fra Guillaume de Marcillat, befindet sich das wahre Highlight in der Basilika San Francesco. Dort leuchtet Piero della Francescas Freskenzyklus „Legende vom Wahren Kreuz“ aus dem 15. Jahrhundert, das die Geschichte vom Kreuz Christi in zehn Szenen erzählt. Unter ihnen ist das berühmte Bild „Der Traum Konstantins“, eine der seltenen Nacht-Darstellungen dieser Zeit, die schon damals für Furore sorgte. Und das, obwohl della Francesca nach dem Tod des Künstlers Bicci di Lorenzo eigentlich nur die zweite Wahl war, um die Kapelle auszumalen, und mit seinen Fresken in den schönsten Farben, die sich flächig und großartig komponiert ins Gedächtnis brennen, alle Erwartungen übertraf. Heute ist die Kirche ein Museum, alle 30 Minuten ist Einlass, und will man nicht warten, kommt man am besten am späten Nachmittag. Perfekt, seinen Besuch auf den Samstag oder Sonntag des 1. Wochenendes des Monats zu legen, denn dann findet in den Gassen und Alleen ein Flohmarkt statt.

28 Basilika San Francesco Adresse: Piazza San Francesco, 4, 52100 Arezzo Tel: 0039 0575 352727 Öffnungszeiten: April bis Oktober: Montag bis Freitag 9.00 – 18.30 Uhr, Samstag 9.00 – 17.30 Uhr, Sonntag 13.00 – 17.30 Uhr, November bis März: Montag bis Freitag 9.00 – 17.30 Uhr, Samstag 9.00 – 17.00 Uhr, Sonntag 13.00 – 17.00 Uhr

☞ Pasticceria De' Cenci

Seit mehr als 20 Jahren backt Dominci, kurz Mimo genannt, in seiner gläsernen Backstube Cantucci alla mandorla, kleine, mit Zabaione oder Ricotta gefüllte Mandelkekse, und formvollendete Panini al latte. Besonders gut sind allerdings die kleinen Windbeutel und sein Tartufo. Ganz schlicht ist die Pasticceria eingerichtet, mit einer Holztheke und Glasvitrinen, in denen das Gebäck landet, nachdem es etwas abgekühlt ist. Perfekt eigentlich, um es zu einem Kaffee zu vernaschen. Den allerdings muss man sich dann im Café gegenüber holen, denn Mimo konzentriert sich lieber ganz auf seine Backkünste.

Adresse: Via De' Cenci, 17, 52100 Arezzo
Tel: 0030 0575 23102, Öffnungszeiten: Dienstag bis Samstag 9.00 – 13.00 Uhr und 16.00 – 20.00 Uhr, Sonntag 9.00 – 13.00 Uhr

Pasticceria De' Cenci

Pasticceria
De' Cenci
Via De' Cenci, 17 - tel. 22102
Arezzo
Pasticceria
De' Cenci
Via De' Cenci, 17 - tel. 22102
Arezzo

LE CHIAVI D'ORO

Direkt am Kirchplatz und neben der Basilika San Francesco mit ihren berühmten Fresken von Piero della Francesca erwartet einen eine wirkliche Überraschung. Dort liegt diese moderne und perfekt gestylte Osteria „Die goldenen Schlüssel", die in Beige, Gold und Braun gehalten ist. Die Wände sind im Sixties-Stil und mit alten Schranktüren verkleidet, in denen noch die goldenen Schlüssel stecken. Der Fußboden ist teils aus Harz, man dreht sich auf Stühlen aus den 60ern, sitzt auf dänischem Design, und an verwitterten goldfarbenen Tischen wird traditionelle toskanische Küche serviert, die gekonnt upgedatet ist. Die Pasta kommt mit Ente und Artischocken, die Gnocchi mit Kürbis und Gorgonzola, Kalb wird mit Sellerie-Püree und Steckrüben kombiniert, Rind mit Chicorée und Anchovis, der Stockfisch mit Radicchio. Dazu gibt es eine ausgesprochen gute Auswahl toskanischer Weine.
Seit 2007 herrschen Francesco Stilo und seine Mutter Lidia in der gläsernen Küche und auch über die fantastischen Räume, an deren Gestaltung man sich gar nicht sattsehen kann.
Man kann auch direkt auf dem großen historischen Platz sitzen, doch es ist fast zu schade, das tolle Interieur zu verlassen. Anschließend lohnt es sich, einen Blick in den Laden Nero nebenan zu werfen, der die schönsten Dinge, die die Welt nicht braucht, vertreibt wie zum Beispiel goldene Messlöffelchen und Decoupage-Objekte von John Derian.

29 Le Chiavi d'oro Adresse: Piazza San Francesco, 7, 52100 Arezzo
Tel: 0039 0575 403313 Internet: www.ristorantelechiavidoro.it
Öffnungszeiten: Dienstag bis Sonntag 12.00 – 14.00 Uhr, 20.00 – 23.00 Uhr

SMART
TRAVELLING

GUT ZU WISSEN

Umbrien ist groß, darum ist dieser Infoteil so klein. Hier erfahren Sie nicht alles und jedes, sondern genau das, was Sie für eine perfekte Woche brauchen. Wenige, aber genau die richtigen Informationen: Wissenswertes über die Lebensart in Umbrien, eine kleine subjektive Auswahl an Sehenswürdigkeiten, Spaziergängen und Tipps für Unternehmungen. Dazu eine Karte mit all unseren Lieblingsadressen, damit Sie nicht lange suchen müssen, sondern gleich anfangen können, Umbrien zu genießen.

ITALIENS GRÜNES HERZ

Wildromantische Täler, Linsenfelder und Eichenwälder, dazu sanfte Hügel, Seen und Gebirge: Auch wenn Umbrien die einzige Region Italiens ist, die nicht ans Meer grenzt, ist sie ein landschaftliches Juwel. Unentdeckter und sanfter als die Toskana ist sie und wird im Osten vom Apennin flankiert, dessen höchster Berg, der Monte Vettore, knapp 2500 Meter hoch ist.

Was man an der Toskana so liebt, die Weinberge, Olivenhaine, die Zypressen-Alleen, die malerischen Städtchen und sanften Hügel, das alles findet man auch in Umbrien. Nur etwas rauer ist es dort, wunderbar erdig und umbrafarben und märchenhaft unberührt.

Auch deshalb ist Umbrien so eine fantastische Trüffelregion und ein Steinpilzmekka und eignet sich bestens dazu, ganz ungestört die Landschaft zu erforschen. Mehr als 30 Prozent der Gegend sind Wälder, und am schönsten ist es, Umbriens „wilden Osten" zu erwandern – mit seinem Valnerina-Tal, den Sibillinischen Bergen und Hochebenen. Aber auch das Hügelland nahe Assisi ist eine Schönheit für sich, erst recht, wenn im Frühling die Bergblumen blühen. Nehmen Sie sich etwas Zeit, laufen Sie los oder leihen Sie sich ein Fahrrad. Besonders für den geschichtsträchtigen Lago Trasimeno, den man perfekt umrunden kann.

EINE PERFEKTE REISE BEGINNT IN ROM

Piazza Navona

Drei dramatische barocke Brunnen sprudeln auf diesem beeindruckenden Platz, der einer der beliebtesten Roms ist. Im Zentrum steht der „Fontana dei Quattro Fiumi", der marmorne Vierströmebrunnen des berühmten Bildhauers und Architekten Gian Lorenzo Bernini (1598–1680).

Papst Innozenz X. gab den Brunnen 1651 in Auftrag, und Bernini soll den Zuschlag bekommen haben, weil er vorher eine 1,50 Meter große Silberskulptur seines Entwurfs präsentierte. Um einen riesigen Obelisken herum gruppieren sich die vier Flüsse Donau (für Europa), Ganges (für Asien), Nil (für Afrika) und Río de la Plata (für Amerika) – symbolisiert-symbolisiert von männlichen Kolossen, Pflanzen und Tieren. Dass über alldem der Papst herrscht, veranschaulicht eine Taube am Obelisken. Die beiden seitlichen Brunnen, die Bernini neu gestaltete, zeigen den Kampf mit einem Delfin und das Wirken Neptuns.

Caravaggio in der San Luigi dei Francesi

Diese französische Nationalkirche nahe der Piazza Navona ist eine der schönsten Kunst-Orte Roms. Gleich drei Gemälde von Caravaggio hängen in deren Kapelle ganz hinten links, für die sie auch direkt angefertigt wurden.

Schmeißt man ein paar Cent in einen Kasten, geht das Licht an und zeigt die Caravaggios im schönsten Glanz. Eine konservatorische Maßnahme, die die Werke vor zu viel Lichteinfall schützt und die so geschickt wie wunderbar atmosphärisch ist – und dazu einlädt, umso genauer hinzuschauen, wenn die Scheinwerfer an sind.

Zu sehen ist dann das Gemälde „Die Berufung des Hl. Matthäus", auf dem Jesus Matthäus zum Apostel ernennt – getaucht in dramatisches Licht, das Caravaggio zu einem breiten Strahl bündelte und das auf bahnbrechende Weise seine berühmte Helldunkelmalerei zeigt. Das „Martyrium des Evangelisten Matthäus" stellt den Mörder in die Mitte und umrahmt ihn mit einer hoch lebendigen Szenerie samt Engeln, jungen Männern und Caravaggio selbst, der hinten links zu sehen ist. Das Gemälde „Der Hl. Matthäus und der Engel" hingegen, das zeigt, wie Matthäus von göttlicher Inspiration erfüllt wird, leuchtet in warmen Rot- und Gelbtönen.

Via Santa Giovanna d'Arco, 5,
00186 Rom
Tel: 0039 06 688271
Freitag bis Mittwoch 9.00 –12.30 Uhr,
15.00 – 19.00 Uhr,
Donnerstag 9.00 – 12.30 Uhr

Der Trevi-Brunnen

Die Fontana di Trevi, wie die Römer ihn nennen, ist der weltberühmte Brunnen, in dem Anita Ekberg 1960 in „La dolce vita" ihr Bad nahm. Heute stehen die Touristen in mehreren Reihen um das gigantische Prachtstück herum, das 26 Meter hoch und 50 Meter breit ist – und in dessen tosenden Wassern sich Meerespferde und andere Fabelwesen aufbäumen. Nach einem Entwurf des römischen Architekten Nicola Salvi wurde der Trevi-Brunnen, der das Ende einer antiken Wasserleitung ist, von 1732 bis 1762 erbaut. Salvi stellte die Naturgewalten in den Mittelpunkt seiner dramatischen Inszenierung und unterstrich sie durch das laute Wasserrauschen. Seine penible Arbeitsweise, die dazu führte, dass er Teile der Felsenlandschaft bis zu zehn

Mal neu fertigen ließ, verlängerte die Bauzeit immer wieder.

Manche Römer sagen, die beste Zeit, den Brunnen aus Carrara-Marmor zu besuchen, sei zwischen drei und vier Uhr morgens, wenn man nahezu alleine ist und er wunderschön angestrahlt wird.

Es heißt, dass, wirft man eine Münze mit der linken Hand über die rechte Schulter, man auf jeden Fall nach Rom zurückkehrt, bei zwei Münzen sich in eine Römerin oder einen Römer verliebt, bei dreien die Person der Wahl heiraten würde.

Mehr als eine Million Euro sammeln sich pro Jahr an, die von der Stadtverwaltung herausgefischt und an die Caritas gespendet werden.

Piazza di Trevi, 00187 Rom

Spanische Treppe

Nur im Deutschen heißt die prächtige Barocktreppe, die im 17. Jahrhundert gebaut wurde, Spanische Treppe, abgeleitet von der Piazza di Spagna, von der sie abgeht. Ihr wirklicher Name ist Scalinata di Trinità dei Monti, „Treppe der Heiligen Dreifaltigkeit vom Berge“, benannt nach der Kirche, zu der sie steil hinaufführt. Die kunstvolle Freitreppe ist wunderbar geschwungen und ihre Rampen und Absätze sind fast nie im rechten Winkel angesetzt. Heute ist sie einer der beliebtesten Treffpunkte Roms. Hier flirtet man, schaut den anderen beim Flanieren zu, trifft sich mit Freunden, blinzelt in die Sonne oder Richtung Via dei Condotti, in der die großen Modemarken von Armani bis Versace ihre Läden haben.

Piazza dei Spagna/Via dei Condotti – Centro Roma

DIE VERSCHIEDENEN LOKALE

Ristorante

Restaurant, in dem es etwas förmlicher zugeht – soweit man das in Umbrien überhaupt sagen kann –, man zum Geschäftsessen lädt, aber natürlich genauso mit Freunden oder der Familie zusammenkommt.

Trattoria

Eigentlich ein bodenständiger Familienbetrieb mit eher einfacher, aber lokaler und traditioneller Küche. In den letzten Jahren jedoch wurde der Begriff geradezu inflationär benutzt, weil er das gestiegene Bedürfnis nach Authentizität bedient.

Osteria

Ursprünglich so etwas wie eine Wirtschaft, in der man abends zusammenkommt zu Wein und ein paar kleinen Speisen. Oft lagen die Osterien wie Raststätten an Verkehrsknotenpunkten, und es gab sie schon im alten Pompeji. Heute sind die einfachen Lokale, die Hausmannskost zu günstigen Preisen servieren, vom Aussterben bedroht und wie bei der Trattoria schmücken sich auch durchaus teure Restaurants mit ihrer Bezeichnung.

Enoteca

Hier liegt das Hauptaugenmerk auf dem Wein, von dem bessere Lokale ein großes, überregionales Angebot haben und dazu auch passende Gerichte. In einer einfachen Enoteca gibt es eher Snacks und kleine Häppchen.

DAS KREUZ MIT DEN ÖFFNUNGSZEITEN

Aperto oder chiuso?

Das ist die große Frage in Italien. Die Öffnungszeiten variieren sehr stark, Regeln sind schlecht abzuleiten außer der, dass es meist eine ausgiebige Mittagspause gibt. Oft reicht diese von 13.00 bis 16.00 Uhr oder von 14.00 bis 17.00 Uhr. Manche Alimentari haben dafür aber auch am Sonntagvormittag geöffnet. Und vor allem im Sommer schließen viele Läden erst um 22.00 Uhr.

UMBRISCHE TRÜFFEL

Der Trüffel ist ein eigensinniger Pilz. Er lässt sich nur schwer anbauen, wächst vor allem dort, wo er wachsen möchte – und das in immer geringerer Menge. Dank der Unberührtheit der umbrischen Natur gibt es dort allerdings immer noch eine ganze Menge von ihnen, und zwar das ganze Jahr über.

Im Herbst gibt es die besten Trüffel, die berühmten weißen Trüffel, und ihre Saison hält bis zum Jahresende. Der Tartufo bianco pregiato (Tuber magnatum pico) gilt wegen seiner Beliebtheit und seines exzellenten ausgeprägten Geschmacks als König unter den Trüffeln.

Er ist knollenartig, hat eine samtige Oberfläche und seine Farbe reicht von blassem Ocker zu einem dunklen Cremeton, und sogar grünlich kann er erscheinen. Sein Fleisch allerdings ist unverwechselbar weiß bis grau und mit dünnen weißen Venen durchzogen. Genauso einmalig ist sein aromatischer, voller Geruch, der nichts mit dem etwas aufdringlichen Duft anderer Trüffel gemein hat. Und auch sonst ist der weiße Trüffel ein Einzelgänger, wächst meistens alleine und von anderen Trüffeln entfernt.

Bis April kann man den weißen Trüffel Tartufo bianchetto noch suchen und auch finden. Sein Geschmack ist weniger kräftig und die Qualität nicht ganz so hochwertig, doch in der umbrischen Küche wird er gekonnt verarbeitet.

Vor allem aber hat von Dezember bis April der klassische schwarze Trüffel, der Tartufo nero (Tuber melanosporum), Saison. Er ist geschmeidig, eher rund und hat eine unebene Oberfläche. Innen ist er von dünnen, hellen Äderchen durchzogen und sein Geruch erinnert an Moschus und Lorbeer. Er wächst in hügeligen und bergigen Gebieten nahe Norcia und Spoleto und in Symbiose mit Haselnussbäumen und Eichen. Man kann den schwarzen Trüffel über selbst gemachte Pasta reiben, besonders gut schmeckt er aber in Rührei.

Der Mai schließlich ist der einzige Monat, in dem es keine Trüffel gibt – bevor dann von Juni bis September der Tartufo estivo, der Sommertrüffel, geerntet wird. Scorzone wird er auch genannt, hat eine warzige Oberfläche und einen etwas weniger aromatischen Geschmack als andere Sorten. Deshalb wird er häufig weiterverarbeitet in Ölen, Butter, Patés oder Käse.

Trüffel mitnehmen

Wollen Sie Trüffel mitnehmen, sollten Sie sie in Papier wickeln lassen und dann in einem geschlossenen Einweckglas transportieren.

Zwei bis drei Tage halten die kostbaren Pilze auf diese Weise. Wollen Sie sie nicht sofort essen, kann man sie – und zwar ungewaschen, denn sonst verlieren sie ihr Aroma – in weiche Butter drücken und einfrieren.

Trüffelhunde

Die gefräßigen Schweine, die sich die Trüffel-Schätze immer mal wieder selbst einverleibt haben, sind längst von Trüffelhunden abgelöst worden. In Umbrien haben viele Familien einen Trüffelhund und gehen regelmäßig auf die Suche. Eine große Nase macht allerdings noch keinen Experten. Um das Sammeln einzudämmen und die Bestände zu schützen, müssen die Hunde eine Prüfung durchlaufen, damit ihr Besitzer eine Lizenz zur Trüffelsuche bekommt. Und das schafft durchaus nicht jeder Hund.

DIE UMBRISCHE KÜCHE

Schlicht, bäuerlich, mit frischen lokalen Zutaten, vielen Kräutern und Gemüse und mit dem Fleisch frei laufender Eichelschweine: Die umbrische Küche hat sich in der eher armen Bauernregion ihre Erdverbundenheit bewahrt – und ist noch nicht durch Kompromisse für Touristen verdorben. Damit liegt sie voll im Trend. Sie hat den Dinkelbrei Farro ebenso im Repertoire wie Wildgemüse und Wildkräuter, Linsen, Artischocken und dazu gibt es die sonst so raren Köstlichkeiten wie gegrillte Steinpilze oder Trüffel, die schlicht über selbst gemachte Pasta gerieben werden, in großer Menge und Selbstverstandlichkeit.

UMBRISCHE SPEZIALITÄTEN

Neben Trüffeln und Steinpilzen in den verschiedensten Varianten gibt es noch einige besondere Köstlichkeiten, die man probieren sollte.

Porchetta

Schweinefleisch ist ein wichtiger Bestandteil der umbrischen Küche. Berühmt sind die kleinen schwarzen Eichelschweine der Region. Gegessen wird ihr Fleisch als Wurst, Braten und sogar als Carpaccio. Eine besondere Spezialität ist die Porchetta, ein Spanferkel, gewickelt und gefüllt und gegrillt. Es gehört auf jedes italienische Dorffest, auf jeden Markt und wird an Feiertagen auch zu Hause serviert. Eine gehaltvolle Angelegenheit – und nichts für Zimperliche.

Die Innereien des Spanferkels, das im besten Fall vor allem mit Eicheln ernährt wurde, werden klein geschnitten und in den Bauch gestopft. In Umbrien wird die Füllung mit Knoblauch, Salz, wildem Fenchel und jeder Menge Pfeffer versehen. Anschließend wird das Ferkel um die fünf Stunden herum gegrillt. Das Fett, das abtropft, wird aufgefangen, manchmal Füße, Schwanz und Ohren darin gegart, vor allem aber macht man daraus die Sauce, die mit Rosmarin, Thymian und Wildkräutern gewürzt wird.

Man isst die Porchetta im Brot und auch die knusprig gegrillte Haut dazu.

Regina in porchetta

Der Fisch in Umbrien kommt vor allem aus dem Lago Trasimeno, köstliche Felchen gehören dazu, Aale, Schleie, Barsch, Hecht und Stint. Der begehrteste am Lago Trasimeno ist jedoch der Königskarpfen. Sein Rogen wird für Suppen und Nudelgerichte verwendet, er ist fester Bestandteil des Fischtopfs Tegamaccio, vor allem aber wird mit ihm das Regionalgericht Regina in porchetta zubereitet. Dabei wird der Königskarpfen (Regina) wie das berühmte Spanferkel Porchetta zubereitet, mit Kräutern und Schmalz gefüllt und geschmort.

Zuppa di lenticchie di Castelluccio

Die sehr kleinen Castelluccio-Linsen, die auf 1400 Metern Höhe im Herzen des Nationalparks Monti Sibillini angebaut werden, sind eine zart-nussige Delikatesse. Sie sind grünlichbraun, haben eine dünne Schale und müssen vor dem Kochen nicht eingeweicht werden. In Umbrien verlässt man sich ganz auf ihren tollen Eigengeschmack und fügt nur das Nötigste hinzu. Bei der Zuppa di lenticchie di

Castelluccio sind die Minilinsen gerade mal mit etwas Brühe, Zwiebeln und Olivenöl angemacht.

Strangozzi ai funghi porcini

„Schnürsenkel" heißen diese Art von Nudeln, die Spaghetti ähneln, aber dicker und weicher sind und ein typischer Bestandteil der umbrischen Küche. Sie werden aus Hartweizengrieß, Weißmehl, Eiweiß, Olivenöl und Salz gemacht, sind fast weiß und passen hervorragend zu deftigen Beilagen. Ein köstlicher Klassiker ist, sie mit Steinpilzen zu servieren.

Torta al testo

Dieses Fladenbrot stammt wohl noch aus der römischen Zeit. Es besteht aus Weizenmehl, Wasser, Olivenöl und einer Prise Salz und wurde einst über einem Testo, einem heißen Stein, der in der Feuerstelle lag, gebacken. Zur Erntezeit nahm man es mit auf die Felder und bis heute wird es hergestellt – auf einer Eisenplatte auf dem Herd. Gegessen wird es zu Antipasti, Huhn oder Prosciutto – und mittlerweile auch als Snack, gefüllt mit Käse, Schinken, gegrilltem Gemüse oder was immer man mag.

Olivenöl

Das umbrische Olivenöl ist berühmt für seine guten, ungesättigten Fettsäuren. Ungewöhnlich ist die Höhenlage, in der die Oliven wachsen, sodass sie nicht voll ausreifen können und deshalb gepflückt werden müssen, anstatt sie einfach reif in Netze zu schlagen. Auch deswegen bekamen sie als eines der ersten Öle die Kennzeichnung DOCG (Denominazione di Origine Controllata e Garantita), die für eine „kontrollierte und garantierte Ursprungsbezeichnung" steht. Besonders köstlich ist das Olivenöl, wenn es im November ganz jung abgefüllt wurde. Es schmeckt, als würde man sein Gesicht in eine duftende Wiese pressen, ganz grün und frisch und lebendig. Man dippt einfach etwas Brot hinein und ist glücklich.

WEINE DER REGION

Der Weißwein von Orvieto

Leuchtend strohgelb und frisch: der Orvieto, der trocken und lieblich angeboten wird, stammt aus den Provinzen Terni und Viterbo, und mehr als 1000 Winzer bauen ihn im

Umland Orvietos an. Kommt er direkt aus diesem Gebiet, trägt er den Namen Orvieto Classic und ist qualitativ der beste.

Ein besonders guter kommt von dem Weingut Palazzone (www.palazzone.com). Dessen Orvieto DOC (Qualitätswein mit kontrollierter Herkunftsbezeichnung) besteht aus den fünf verschiedenen Trauben Procanico, Verdello, Grechetto, Drupeggio und Malvasia Toscana, alte Sorten, die schon vor Hunderten von Jahren hier kultiviert wurden. Nachhaltig ist auch deren Anbau. Palazzone produziert nach ökologischen Richtlinien ohne Insektizide oder sonstige Chemie.

Die Rotweine von Montefalco

Aus Montefalco, dem wichtigsten Anbaugebiet für Rotwein in Umbrien, kommt der Montefalco Rosso, ein sanfter, trockener Rotwein. Vor allem aber werden der außergewöhnliche Sagrantino und der Sagrantino Passito hergestellt – aus einer Traube, die es nur dort gibt.

Warum die Sagrantino-Traube ausgerechnet in dieser Gegend wächst und wie sie dahin gelangt ist, darüber gibt es verschiedene Annahmen. Während einige sagen, dass sie im 7. Jahrhundert von syrischen Mönchen nach Montefalco gebracht worden ist, mutmaßen andere, dass sie aus Katalonien stammt.

Der Sagrantino ist ein dunkler trockener und voller Rotwein, der mit bis zu fünf Prozent des Trebbiano Toscano hergestellt wird. Der Sagrantino Passito hingegen ist ein süßer Dessertwein, der aus halbtrockenen oder trockenen, fast rosinierten Trauben besteht. Das Weingut Arnaldo Caprai (www.arnaldocaprai.it) in Montefalco gehört zu den guten Sagrantino-Herstellern.

Torgiano-Weine

Die DOC-Region südlich von Perugia, in der Rot- und Weißweine hergestellt werden, hat ebenfalls einen guten Ruf. Allen voran die Weine der Familiendynastie Lungarotti (www.lungarotti.it), die vor Ort auch ein kleines Weinmuseum unterhält. Toll ist der fruchtige, trockene Weißwein Torre di Giano, der im Fass gereifte weiße Torre di Giano Riserva und der opulente Rubesco Riserva Vigna Monticchio, einer der besten italienischen Rotweine.

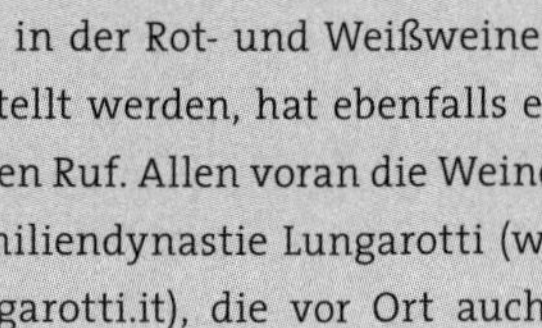

WOCHENMÄRKTE

Einen Marktbesuch sollte man sich nicht entgehen lassen, wenn man in das umbrische Leben eintauchen möchte. Olivenöl von kleinen Anbietern bekommt man dort, Steinpilze oder Trüffel. Die Artischocken sind zu abenteuerlichen Bergen gestapelt, nebenan wird Porchetta gegrillt, es gibt Haselnüsse und jede Menge Lokalkolorit. Hier findet man Umbrien pur und kulinarisch gibt es ein Best-of frischer „Kilometer 0"-Produkte.

Eine Auswahl an Märkten:

Montag Panicale (ca. 65 Stände), Marsciano (ca. 100 Stände), am zweiten Montag im Monat: Pietralunga (ca. 25 Stände)

Dienstag Gubbio (ca. 110 Stände), Foligno (ca. 65 Stände), Deruta (ca. 50 Stände)

Mittwoch Umbertide (ca. 80 Stände), Castiglione del Lago (ca. 70 Stände), Giano dell'Umbria (ca. 65 Stände), Nocera Umbra und Cascia (ca. 30 Stände)

Donnerstag Gualdo Tadino (ca. 80 Stände), Città di Castello (auch samstags, ca. 80 Stände)

Freitag Bastia Umbra (ca. 150 Stände), Spoleto (ca. 51 Stände), Passignano sul Trasimeno (ca. 35 Stände), Tuoro sul Trasimeno (ca. 25 Stände)

Samstag Perugia (ca. 170 Stände), Città di Castello (ca. 80 Stände), Foligno (ca. 65 Stände), Todi (ca. 40 Stände), Assisi (ca. 30 Stände)

Sonntag März bis September: Passignano sul Trasimeno (ca. 35 Stände)

DESIGNER-SHOPPING

Brunello Cucinelli

Das Dörfchen Solomeo ist unter Fashionistas mit Sinn für edle Materialien ein Geheimtipp. Denn dort residiert der Kaschmir-König Brunello Cucinelli, der, angeregt durch die farbenfrohe Mode Benettons, Ende der 70er-Jahre begann, den beigefarbenen und grauen Kaschmir zu färben. Heute hat er Filialen auf der ganzen Welt, in denen er perfekt verarbeitete, hochwertige und sehr teure Kaschmir-, Leinen- und Seidenmode verkauft. In Solomeo allerdings, Heimatstadt seiner Frau und Sitz der Produktionsstätte, gibt es das alles rund 40 Prozent billiger. Und shoppen kann man mit einem reinen Gewissen. In dem vornehmen Castello sitzt die Wollstrickerei, alles made in Italy mit Leuten aus dem Dorf, von denen mehr als die Hälfte dort angestellt ist. Überstunden gibt es nicht, darauf, dass man eine ausgiebige Mittagspause macht, wird geachtet, und dabei sitzt man in einer Cantina gemütlich im Sonnenschein zusammen. Und das in einem Schmuckstück von einem Dorf, das Cucinelli seit 30 Jahren aufpoliert, in dem er Bäume pflanzen, die Kirche restaurieren und die Piazza renovieren ließ, an der ganz unauffällig „lo spaccio", der reduzierte Fabrikverkauf, liegt. Billig sind die Pullover, Jacken, Hosen, Kleider und wunderbar kuscheligen Schals natürlich dennoch nicht; angesichts der Qualität und den marktüblichen Preisen aber ein wahres Schnäppchen.

Piazza Alberto Dalla Chiesa, 6,
06073 Solomeo
Tel: 0039 075 697071
www.brunellocucinelli.it
Montag bis Freitag 9.00 – 12.00 Uhr,
15.00 – 19.00 Uhr,
Samstag 9.00 – 12.30 Uhr

Prada

Sieht man plötzlich Japanerinnen mit Bergen von Prada-Tüten für ein Foto posieren, weiß man, dass man richtig ist. Im Spaccio, dem Prada Outlet-Store nahe Arezzo in der Toskana. Schick und modern, hat es so gar nichts mit den amerikanischen Outlets zu tun. Selbst Schnäppchen jagen die Italiener mit Style. Die Auswahl ist riesig, die Preise vergleichsweise günstig, und bei den Schuhen kann man oft absolute Niedrigpreis-Schnäppchen machen.

Am angenehmsten ist das Einkaufen mittags zwischen 13.00 und 15.00 Uhr. Italiener würden um diese Zeit nie shoppen. Unter der Woche ist es vormittags auch noch recht leer. Am Wochenende dagegen kann es sehr voll werden. Da bei Prada eine Nummer gezogen werden muss, kann es dann passieren, dass Sie etwas warten müssen, bevor Sie in den Outlet-Store kommen. Die Nummer sollten Sie übrigens behalten, dann können Sie zwischendurch Ihre Dinge immer wieder an der Kasse hinterlegen und unbepackt weiterstöbern.

Nehmen Sie auf der Autobahn A1 die Ausfahrt Valdamo, folgen Sie erst den Schildern nach Montevarchi, dann nach Levanella. Schräg gegenüber der Tankstelle links auf das kleine Schild achten: „I Pellettieri d'Italia". In diesem Industriepark befindet sich das Outlet.

Località Levanella, S. S. 69,
52025 Montevarchi, Arezzo
Tel: 0039 055 9196528
Montag bis Freitag 10.30 – 20.00 Uhr, Samstag 9.30 – 20.00 Uhr, Sonntag und Feiertage 10.30 – 18.30 Uhr

Wer auf den Geschmack gekommen ist: Noch mal eine halbe Stunde weiter Richtung Florenz befindet sich The Mall Luxury Outlet, ein Outlet-Center mit den Marken Pucci, Yamamoto + Y-3, Tod's, Hogan, Balenciaga, Alexander McQueen, Gucci, Giorgio Armani, La Perla, Sergio Rossi, Agnona, I Pinco Pallino, Ermenegildo Zegna, Marni, Burberry, Yves Saint Laurent, Bottega Veneta. Die Preise sind allerdings etwas höher als im Prada-Outlet.

Via Europa, 8, 50066 Leccio Reggello
Tel: 0039 055 8657775
www.themall.it
Montag – Sonntag 10.00 – 19.00 Uhr, Juni – August – 20.00 Uhr

BESONDERES EINKAUFEN

Giuditta Brozzetti in Perugia

In dieser Weberei wird die Tradition gepflegt. 1921 von Giuditta Brozzetti gegründet, gehört sie zu den letzten Werkstätten in Italien, in denen die Kunst der Handweberei auf Jacquardwebstühlen praktiziert wird. Verwendet werden originale Webstühle aus dem 19. Jahrhundert, und auf ihnen entstehen Reproduktionen authentischer umbrischer und italienischer Designs aus der Renaissance und dem Mittelalter. Die Materialien, mit denen gearbeitet wird, sind Leinen, Baumwolle, Seide, Kaschmir und feine Metallfäden, die zu Wandteppichen, Vorhängen, Tischdecken, Bettwäsche, Lampenschirmen und einigen anderen Textilien verwebt werden. Und das in schönster Kulisse im Konvent der mittelalterlichen Kirche San Francesco delle Donne. Dort führt Marta die Weberei, die immer fest in Frauenhand war, in vierter Generation.

Regelmäßig werden auch Web-Kurse angeboten.

Via Tiberio Berardi, 5/6,
06123 Perugia
Tel: 0039 075 40236
www.brozzetti.com
Montag – Freitag 9.00 – 18.00 Uhr,
Samstag und Sonntag nach Vereinbarung

Oro di Spello in Montefalco

Umbrien ist berühmt für seine Oliven und das gute Klima samt der hochwertigen Erde, in der sie wachsen, für ihre langsame Reifung, ihren niedrigen Säuregehalt – und hohen Anteil an natürlichen Antioxidantien. Diese Eigenschaften macht sich die Kosmetikfirma Oro di Spello seit 1989 zu eigen. Kalt gepresstes Olivenöl der Region macht sie zum Grundstoff ihrer sehr puren Kosmetikprodukte, die von Gesichtscreme über Körperöle bis hin zu Shampoos, Reinigungsmilch und einer Männerlinie reichen und besonders auch für empfindliche Haut geeignet sind. Frisch und leicht ist die Konsistenz und alle Produkte bestehen zu 100 Prozent aus ökologischen Inhaltsstoffen.
Neben dem Headquarter in Foligno (Via Garibaldi, 9) gibt es einen kleinen, einfachen Laden in der Fußgängerzone von Montefalco. Zudem wird die Marke in vielen Apotheken angeboten.

Corso Goffredo Mameli, 30,
Montefalco
Tel: 0039 0742 320302
www.orodispello.it
Montag bis Samstag 10.00 – 12.00 Uhr, 14.30 – 18.30 Uhr

EINIGE FLOH- UND ANTIQUITÄTENMÄRKTE

Arezzo: am ersten Wochenende im Monat, Hauptplatz und Seitenstraßen

Assisi: am zweiten Wochenende im Monat, Hauptplatz

Città di Castello: am dritten Wochenende im Monat, Hauptplatz

Cortona: am dritten Wochenende im Monat, Hauptplatz

Gubbio: am dritten Wochenende im Monat, Hauptplatz

Spoleto: am zweiten Sonntag im Monat, Piazza del Mercato

Todi: am zweiten Sonntag im Monat, Piazza del Popolo

LAGO TRASIMENO

Man nennt ihn das „Umbrische Meer". Schließlich ist der Lago Trasimeno ganze 128 Quadratkilometer groß, hat einen Umfang von 54 Kilometern und sogar drei Inseln: die Isola Polvese, die Isola Maggiore und die Isola Minore. Während die beiden ersten öffentlich zugänglich sind, ist die unbewohnte Isola Minore in Privatbesitz.

Wegen seiner geringen Tiefe, die mittlerweile nur noch sieben Meter beträgt, ist der Lago Trasimeno ein Sorgenkind – vor allem im Sommer, wenn er immer flacher, dazu wärmer wird und dann droht umzukippen. Prinzipiell aber hat er die Tendenz zu veralgen, und es kommt immer wieder mal vor, dass tote Fische ans Ufer gespült werden.

Als Badesee ist er dennoch sehr beliebt, es gibt zahlreiche Badestrände, Badeanstalten und kleine Promenaden. Ein bisschen erinnert die Atmosphäre an die kleinen Adria-Badeorte in den 1970ern, nur ohne die Hochhausburgen. Stattdessen verteilen sich Ferienhäuser und Agritourismi in den Hügeln drumherum, von ein paar Ausnahmen abgesehen.

In Tuoro, Passignano und Castiglione del Lago legen Schiffe zur Isola Maggiore ab, von San Feliciano zur Isola Polvese, die zu weiten Teilen Naturschutzgebiet ist.

Schön ist es auch, selbst hinauszupaddeln. Am Restaurant Rosso di Sera in Magione z. B. kann man Boote mieten.

Ideal ist es, den Lago Trasimeno mit dem Fahrrad ein Stückchen entlangzuradeln oder ihn sogar ganz zu umrunden. Dabei gibt es allerdings nicht über die gesamte Länge Radwege, ein Teil der Strecke muss auf der Straße befahren werden.
Zudem gibt es zahlreiche Radtouren wie die von Passignano sul Trasimeno, die direkt am See entlang Richtung Perugia führt und dann bis zum Fähranleger zur Isola Maggiore. 36 Kilometer legt man zurück und ist um die drei Stunden unterwegs. Darüber hinaus gibt es zahlreiche Touren, die durch die schöne umbrische Hügellandschaft rund um den Lago Trasimeno führen, durch Olivenhaine und Wäldchen.
Da Radfahren am Lago sehr beliebt ist, wird das Streckennetz immer weiter ausgebaut. Es gibt zahlreiche Fahrradverleih-Angebote, man kann geführte Radtouren machen und verschiedenste Routen ausprobieren. Cicli Valentini verleiht in Castiglione del Lago Fahrräder und will auch Elektrobikes in sein Sortiment aufnehmen, ebenso Marinelli Ferrettini Motocicli.

Cicli Valentini
Via Firenze, 68 / B,
06061 Castiglione del Lago, Perugia
Tel: 0039 075 951663
www.ciclivalentini.it

Marinelli Ferrettini Motocicli
Via B. Buozzi, 26,
06061 Castiglione del Lago, Perugia
Tel: 0039 075 953126

Wollen Sie den See mit einer zitronengelben Vespa erkunden, können Sie diese in Magione leihen. Und sogar eine Ape Calessino, das dreirädrige italienische Kultgefährt.

Umbria in Vespa
Via Case Sparse, 42 (Strada Provinciale di San Feliciano),
06063 San Savino, Perugia
Tel: 0039 034 74636423
www.umbriainvespa.com

HANNIBAL AM LAGO TRASIMENO

Blutrot war der See, heißt es, als die Römer am 23. Juni 217 v. Chr. eine ihrer vernichtendsten Niederlagen überhaupt erlitten. Noch vor Sonnenaufgang machte sich das 20.000 Mann starke, gigantische Heer des Gaius Flaminius auf den Weg, Hannibals Truppen zu schlagen. Wo heute der Friedhof ist, waren Hannibals Männer stationiert. Doch plötzlich war Flaminius' Heer von ihnen umzingelt und nur wenige schafften es, den Wall zu durchbrechen und zu flüchten. Es war nahe Tuoro sul Trasimeno, in Sanguineto („Bluthügel"), wo um die 15.000 Römer ihr Leben verloren, sie wurden abgeschlachtet oder ertranken im See. Auf Hannibals Seite starben 1500 Krieger und um die Götter nicht zu verstimmen und auch um Seuchen zu verhindern, wurden ihre Leichen tagelang verbrannt und verscharrt.

Heute gibt es an der historischen Stätte in Sanguineto einen Wanderweg, an dem die Schlacht auf Tafeln erläutert wird. Darüber hinaus sind dort die Gräber von 30 karthagischen Adligen, die Hannibal begraben ließ, und Gräber römischer und afrikanischer Soldaten.

Dazu befindet sich am Seeufer der Campo del Sole, ein Skulpturenwald mit 28 Arbeiten italienischer und internationaler Künstler, die an die blutige Schlacht Hannibals erinnern.

KULTUR IN PERUGIA

Museo Archeologico Nazionale dell' Umbria

Im Kreuzgang des Konvents von Umbriens größter Kirche San Domenico befindet sich ein archäologisches Museum mit zahlreichen etruskischen Grabgaben – und vor allem mit der Bellucci-Kollektion, einer Sammlung von Amuletten und anderen Glücksbringern von Giuseppe Bellucci, die er dem Museum gespendet hat. Ein wunderbar obskures Sammelsurium aus Wildschweinzähnen, Staub vom Bett Franz von Assisis, Korallen und allem anderen, was man als Glücksbringer mit Schicksal aufladen kann.

Piazza Giordano Bruno, 10,
06121 Perugia
Tel: 0039 075 5727141
Montag 10.00 – 19.30 Uhr, Dienstag bis Sonntag 8.30 – 19.30 Uhr

Della Penna Palace
Contemporary Art Space

Das Haus stammt aus dem 16. Jahrhundert, die Kunst ist deutlich jünger: Wer zur Abwechslung etwas modernere Kunst sehen möchte, kann dies in diesem Museum, das auf den Ruinen eines römischen Amphitheaters gebaut ist, tun. Dort ausgestellt sind Arbeiten des Futuristen Gerardo Dottori (1884–1977), der aus Perugia stammte, sechs Schiefertafeln, die Joseph Beuys 1980 in Perugia bearbeitete, wechselnde Schauen junger Kunst finden statt, und auch Veranstaltungen wie Lesungen und Performances werden dort abgehalten. Dazu gibt es das Café BIOO mit W-LAN.

Via Podiani, 11, 06121 Perugia
Tel: 0039 075 5716233
Dienstag bis Freitag 10.00 – 18.00 Uhr, Samstag und Sonntag 10.00 – 19.00 Uhr, Montag geschlossen

Die Stadt unter der Stadt

Mit der Rolltreppe kann man tief in Perugias Geschichte hinunterfahren –, und zwar in das Stadtviertel Borgo San Giuliano, über das Papst Paul III. 1540 die Festung Rocca Paolina bauen ließ. Sie war seine Rache dafür, dass Perugia, unterstützt von der mächtigen Familie Baglioni, eine Zeit lang die letzte freie Stadt Italiens war, die sich der Herrschaft der Päpste widersetzte. Und die Baglionis wohnten genau in diesem Viertel.

Heute kann man die unterirdische mittelalterliche Stadt begehen, ganz unaufgeregt von Rolltreppen aus, die zum Parkhaus Piazza Partigiani führen, direkt am Corso Vanucci – und es ist ein atmosphärisches Erlebnis. Eine schöne Route ist es, vom Parkhaus Piazza Partigiani durch die Gassen unter der Festung hin zur Piazza Italia zu gehen.

Auch Perugias berühmtes Jazzfestival hat den Untergrund mittlerweile entdeckt und lässt in der einzigartigen Atmosphäre immer mal wieder ein ausgewähltes Konzert stattfinden.

Piazza Italia, 11, 06121 Perugia
Tel: 0039 075 3681405

UMBRIA JAZZ

Seit 1973, immer im Juli und zehn Tage lang, findet in Perugia ein Jazz-Festival statt, das sich zu einem der bedeutendsten in Europa entwickelt hat. Längst ist es auch nicht nur auf Jazz beschränkt, sondern hat sich in Richtung Rock, Pop, Blues und auch Weltmusik ausgeweitet – und jedes Jahr Weltstars zu Gast. Miles Davis und Count Basie haben dort gespielt, Eric Clapton, Stan Getz, Keith Jarrett, aber auch Sting und Alicia Keys. Zu Festivalzeit, wenn Umbria Jazz mehr als 200.000 Zuhörer anzieht, steht Perugia kopf. Unterkünfte und Tickets muss man rechtzeitig buchen.

www.umbriajazz.com

PARKEN IN PERUGIA

Von dem großen Parkplatz an der Piazza Partigiani führen Rolltreppen den Berg in die Altstadt hinauf. Mit Glück funktionieren sie alle. Aber auch wenn man ein paar Stufen hochstapfen muss, kann man zwischendurch schöne Ausblicke genießen und einen Blick in die Rocca Paolina werfen, die mittelalterliche Stadt unter der Stadt.

MINIMETRÒ

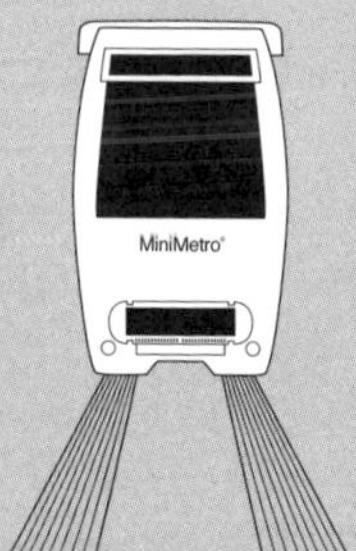

Seit 2008 führt auch die elektrisch betriebene und fahrerlose Minimetrò hoch in die Altstadt. Sie fährt vom Parkplatz Pian di Massiano in der Nähe des Fußballstadions und auch vom Hauptbahnhof aus ins Zentrum. Aber Achtung, wenn Sie länger in der Altstadt bleiben wollen: Die letzten Züge fahren gegen 21 Uhr.

FILM-FESTIVALS IN UMBRIEN

Umbria Film Festival

Ralph Fiennes war schon dort, Terry Gilliam und auch Ken Loach: auf diesem winzigen Filmfestival im Bergstädtchen Montone. Die Leinwand ist auf einer kleinen Piazza aufgespannt und die Atmosphäre groß. Man sitzt leger auf Plastikstühlen und schaut sich Kurzfilme von vielversprechendem Nachwuchs an – und so manche internationale Kinoproduktion, die dort Italienpremiere feiert.

www.umbriafilmfestival.com

bATik [Film] Festival

Künstlerisch anspruchsvoll ist dieses Filmfestival in Perugia, das seit 1997 internationale Produktionen zeigt. Scheu vor experimentellem Kino gibt es nicht, man sucht vielmehr jenseits ausgetretener Pfade nach Entdeckungen – und hat schon viele gemacht. Die Filme werden nicht nur in den Kinos, sondern auch in der Rocca Paolina, der mittelalterlichen Stadt unter der Stadt, gezeigt – und das in einer ganz besonderen Atmosphäre.

PIERO DELLA FRANCESCA

Der Weg zu dem großartigen Maler Piero della Francesca (1415–1492), dessen Werk man sich keinesfalls entgehen lassen sollte, führt Richtung Toskana. Geboren wurde er in Sansepolcro direkt an der Grenze zwischen Umbrien und der Toskana, hat in Florenz gelernt und gearbeitet. Die meiste Zeit als Maler aber verbrachte der Meister der Perspektive, der Klarheit und des wunderbaren Arrangements in seinem Geburtsstädtchen, dem er die „Madonna della Misericordia" ebenso hinterließ wie die „Auferstehung". In den 1450ern hat er an dem wunderbaren Fresko der „Legende vom Wahren Kreuz" in der Kirche San Francesco in Arezzo gearbeitet und um 1470 schließlich aufgehört zu malen. Ob er die Malerei zugunsten der Mathematik aufgab, mit der er sich sein Leben lang beschäftigte, und als Erster versuchte, perspektivische und andere Darstellungsprobleme mathematisch zu lösen, ist nicht geklärt. Da er 1492 blind und verarmt in Sansepolcro starb, wird vermutet, dass er schon zuvor nach und nach erblindete.

Fährt man durch das Tibertal und sieht die felsigen Gebirge der Valtiberina, erkennt man die Landschaften auf den Gemälden des Malers wieder, die sich im Hintergrund seiner Szenerien ausbreiten.

Hier kann man sich die Arbeiten Piero della Francescas vor Ort anschauen:

Sansepolcro

In seinem Heimatstädtchen Sansepolcro sind im Museo Civico gleich vier seiner Werke zu sehen: das „Polyptychon der Barmherzigkeit", in dessen Mittelteil die Madonna della Misericordia unter ihrem weiten Mantel Gläubige aufnimmt; das berühmte und rätselhafte Fresko „Auferstehung", das die Wiedergeburt Christi in der Morgendämmerung zeigt. Wohingegen das Bildnis des „Julius" einen jugendlichen Heiligen zeigt und das Fresko mit dem „Heiligen Ludwig" diesen in einem prachtvoll dekorierten Bischofsmantel. Allesamt strahlen sie die berühmte „Piero-Ruhe" aus und sind beeindruckend komponiert.

Via Niccolò Aggiunti, 65,
52037 Sansepolcro
Tel: 0039 0575 732218
15. Juni – 15. September: Täglich
9.30 – 13.30 Uhr, 14.30 – 19.00 Uhr,
16. September – 14. Juni: Täglich
9.30 – 13.00 Uhr, 14.30 – 18.00 Uhr

Monterchi

An einen Hügel an der Grenze zwischen Umbrien und der Toskana schmiegt sich das Städtchen Monterchi, in dem sich eines der beeindruckendsten Werke Piero della Francescas befindet: die „Madonna del Parto", die schwangere Madonna. War das Fresko bis 1991 wildromantisch in einer kleinen Kirche zu sehen, musste es aus konservatorischen Gründen umgesiedelt werden und hängt jetzt unter perfekten Luftfeuchtigkeits-Konditionen in der ehemaligen Dorfschule, im Museo Madonna del Parto.
Der Zauber der Umgebung ist weg, der großen Ausstrahlung des Bildes können jedoch weder der Ort noch der große Merchandising-Shop etwas anhaben. Hochschwanger, aufrecht und von einem unglaublichen Frieden umgeben, steht die Jungfrau Maria da, von Engeln eingerahmt und im einfachen Gewand und verbindet Göttlichkeit mit Menschsein.

Via della Reglia, 1, 53035 Monterchi
Tel: 0039 0575 70713
April – Oktober: 9.00 – 13.00 Uhr, 14.00 – 19.00 Uhr, November – März: 9.00 – 13.00 Uhr, 14.00 – 17.00 Uhr

Arezzo
In der Bacci-Kapelle der Basilika von San Francesco ist der großartige und berühmte Freskenzyklus der „Legende vom Wahren Kreuz" zu sehen. Sie beruht auf der „Legenda Aurea" von Jacopo da Varazze, und in zehn Bildern erzählt Piero della Francesco sie: vom „Tod Adams" über die „Anbetung des Heiligen Holzes" bis zur „Verkündung".

Piazza San Francesca, 4,
52100 Arezzo
Tel: 0039 0575 352727
April – Oktober: Montag – Freitag 9.00 – 18.30 Uhr, Samstag 9.00 – 17.30 Uhr, Sonntag 13.00 – 17.30 Uhr, November – März: Montag – Freitag 9.00 – 17.30 Uhr, Samstag 9.00 – 17.00 Uhr, Sonntag 13.00 – 17.00 Uhr

In der Kathedrale von Arezzo befindet sich zudem Piero della Francescas „Magdalena" mit ihren geröteten Wangen, tiefem, etwas gesenktem Blick und wunderschön leuchtenden Rot- und Grüntönen von Kleid und Umhang.

Piazza del Duomo, 52100 Arezzo
Tel: 0039 0575 23991
Täglich 6.30 – 12.30 Uhr,
15.00 – 18.30 Uhr

FILMTIPP

„La Grande Bellezza –
Die große Schönheit" (2013)
Regie: Paolo Sorrentini
Möchte man Rom in all seiner Schönheit sehen und in das Lebensgefühl der Stadt eintauchen, ist man bei diesem Film genau richtig. Das sagen die Römer selbst über die Geschichte des Lebemanns Jep Gambardella, eines Journalisten, der sich seit 40 Jahren durch das Leben der Römischen High Society charmiert. Sein 65. Geburtstag steht bevor, er plant, ganz wie es sich gehört, ein großes Fest, gleichzeitig aber blitzen immer mehr Gedanken über Sinn und Sinnlosigkeit des Lebens durch. Dabei sprudelt einiges an Banalitäten aus ihm he-

raus, ein paar zu große Worte. Was einen aber völlig entschädigt und staunend zurücklässt, sind die Bilder. Die Touristenhochburg ist fast menschenleer gefilmt, und das oft im Licht der ersten Morgenstunden. Gleichzeitig ist „La Grande Bellezza" eine Hommage an Federico Fellinis „La dolce Vita", den legendären Film, in dem Anita Ekberg erst mit Marcello Mastroianni durch Roms nächtliche Straßen zieht und dann in den Trevi-Brunnen steigt.

BUCHTIPP

Mörder, Maler und Mäzene: „Piero della Francescas ‚Geißelung'" von Bernd Roeck

Nicht umsonst nennt der Historiker Bernd Roeck sein Buch eine kunsthistorische Kriminalgeschichte. Schließlich geht es um einen Mord. Und zwar um einen, der auf Piero della Francescas (1415–1492) großartigem Gemälde „Die Geißelung Christi" dargestellt ist und dem Oddantonio da Montefeltro, der erste Herzog von Urbino, zum Opfer fiel. Roeck macht sich auf die Suche nach den Tätern und Auftraggebern, und das in einer Art, die so überhaupt nichts mit einem Sachbuch zu tun hat. Hoch spannend führt es mitten in die Welt der italienischen Renaissance, in Herrscherhäuser und Bergdörfer und erzählt von Machtkämpfen, Intrigen und auch vom Leben Piero della Francescas.

PERSÖNLICHKEIT: FRANZ VON ASSISI

Giovanni Battista di Bernardone (um 1181–1226) hatte ein blühendes Leben. Als Spross einer reichen Tuchhändler-Familie aus Assisi ließ er es sich gut gehen, genoss eine hohe Bildung und war in seiner frühen Jugend bekannt dafür, dass er ordentlich feierte, seine Freunde dabei aushielt und regelmäßig mit einer Entourage durch Assisi zog. Bis der Krieg kam. Im 12. Jahrhundert tobte er in Umbrien zwischen den päpstlichen Guelfen und den kaisertreuen Ghibellinen, und bei einem der Kriegszüge gegen das benachbarte Perugia schloss sich der junge di Bernardone an. Bald wurde er gefangen genommen und erkrankte schwer. Trotzdem zog er 1205 erneut nach Apulien in den Krieg und hatte auf dem Weg dorthin, in Spoleto, eine Vision, die sein Leben veränderte. „Kehre zurück in die Heimat, denn ich will dein Gesicht in geistlicher Weise erfüllen", hörte er Gott sagen, und er kehrte um, verzichtete auf sein Erbe, lebte von Almosen, pflegte Leprakranke und predigte.

Wie ein Aussätziger schlief er vor den Toren der Stadt und wurde auch so behandelt. Er hielt mitreißende Predigten für die Gleichheit aller und gegen die verweltlichte Kirche, er widmete sich hingebungsvoll den Tieren, die er als ebenbürtig ansah, und den Armen und Ausgestoßenen. Bald schlossen sich ihm erste Gleichgesinnte an, es folgten Tausende, und abgesegnet von Papst Innozenz III. wurden sie zum Orden der Franziskaner. An seinem Todestag – er starb am 4. Oktober 1226 – wird heute der Welttierschutztag gefeiert.

Sein Leben erzählt Giottos Freskenzyklus, der in der Basilika San Francesco zu sehen ist. Hier wurde Franz von Assisi, der nur zwei Jahre nach seinem Tod heiliggesprochen wurde, auch beigesetzt.

Erneute Aufmerksamkeit erlangte Franz von Assisis Leben, als der im März 2013 ernannte Papst Jorge Mario Bergoglio sich Franziskus nannte und wie sein großes Vorbild versprach, auf Pomp und Luxus zu verzichten.

Seither ist das Sortiment in dem überbordenden Merchandising-Store in Assisis Grabkirche Basilika San Francesco, in dem es Heiligenbildchen, Rosenkränze, Bücher, Gemälde, Amulette und vieles mehr gibt, um zahlreiche Franziskus-Devotionalien erweitert worden.

MEINE PERFEKTE WOCHE

Montag:

Dienstag:

Mittwoch:

Donnerstag:

Freitag:

Samstag:

Sonntag:

NOTIZEN

NOTIZEN

NOTIZEN

NOTIZEN

NOTIZEN

NOTIZEN